Edition Kovar & Köppl

Edition Kovar & Köppl

Unternehmerische Entscheidungen können selten vollständig autonom gefällt oder umgesetzt werden. Anspruchsgruppen aus Politik und Gesellschaft fordern Einfluss und definieren damit Handlungsspielräume von Unternehmen und Projekten neu. Obwohl das Umfeld a priori meist nicht feindlich gesinnt ist, prallen immer wieder unterschiedliche Interessen aufeinander – mitunter zum Nachteil für die wirtschaftlichen Ziele, die Reputation und den Wert eines Unternehmens.

Erfolgreiches Public Affairs Management dient aber nicht nur der Abwehr dieser Gefahren und dem Risikomanagement. Ziel ist das Erkennen gesellschaftlicher Entwicklungen, um dieses Wissen als Grundlage für wettbewerbsfähigere Lösungen und für die Mitgestaltung politischer Entwicklungen zu nutzen.

In Mitteleuropa ist Public Affairs Management eine relativ neue Unternehmensfunktion. Kovar & Köppl investiert daher in die Forschung und Entwicklung des europäischen Public Affairs Managements. Diesem Ziel dient auch die vorliegende Buchreihe.

In der Serie Edition Kovar & Köppl erscheinen Publikationen zu Themen an der Schnittstelle von Politik, Wirtschaft und Gesellschaft.

Andreas Kovar, Cornelia Mayrbäurl, Walter Osztovics

Was uns morgen blüht

Eine Analyse der politischen Arena 2010

polisphere library
Fachverlag für Politik & Beratung
Berlin/München/Brüssel 2010

Alle nachfolgenden auf Personengruppen bezogenen Formulierungen verstehen sich als geschlechtsneutral.

Die Deutsche Bibliothek – CIP-Einheitsaufnahme

Andreas Kovar, Cornelia Mayrbäurl, Walter Osztovics:
Was uns morgen blüht, Eine Analyse der politischen Arena 2010

Erschienen in der Reihe Edition Kovar & Köppl
polisphere library, Berlin/München/Brüssel 2010
ISBN 978-3-9-3845640-8

Printed in Germany
Satz und Layout: Kovar & Köppl, Wien
Umschlag: [cdc] communicationdesignconsulting, Wien
Herstellung: GGP media on demand, Pößneck

Inhalt

Vorwort

Es scheint eine Konstante im politischen Geschäft zu sein: Entscheidungsträger verschließen vor Problemen, die sich langsam in einer Gesellschaft entwickeln, gerne so lange die Augen, bis sie sich nicht mehr leugnen lassen. Bis dahin werden sie klein geredet, zur Seite gewischt oder einfach übersehen. Vielleicht ist eine déformation professionnelle verantwortlich dafür: Politiker wollen, trotz aller Beteuerungen, in erster Linie wiedergewählt werden und nichts verstört die Wähler mehr, als ein Wahlkämpfer der fortwährend von anstehenden Problemen spricht oder Lösungen fordert, die stets irgendjemandes Interessen zuwiderlaufen. Besser kommen Sonntagsreden von der heilen Welt an, Eigenlob erbrachter Großtaten oder kostspielige Versprechen, die dann oft erst neue Probleme aufwerfen werden – die dann selbstverständlich wieder so lange geleugnet werden als sich der Schein aufrechterhalten lässt.

Der erste Bundestagswahlkampf nach der deutschen Wiedervereinigung erzählt exemplarisch davon, wie kontraproduktiv es sein kann, den Wählern reinen Wein einzuschenken. Damals stieg der Spitzenkandidat der SPD, Oskar Lafontaine, der heute die Linkspartei anführt, als Herausforderer von Helmut Kohl, dem Kanzler der Einigung, in den Ring. Landauf, landab verwies Lafontaine auf die Risiken, die auf ein geeintes Deutschland warteten, er rechnete die enormen Kosten vor, die für die marode DDR aufgewendet werden müssten, mahnte eine langsamere Gangart ein, warnte vor überzogenen Erwartungen. Sonnenkanzler Kohl, im Überschwang der historischen Stunde, schwärmte von blühenden Landschaften, die sich schon demnächst im herab gewirtschafteten Ostteil der neuen Bundesrepublik ausbreiten würden. Die Kassandra-Stimme von Lafontaine war chancenlos, Kohl feierte einen Wahltriumph, obwohl er in so gut wie allen seinen Voraussagen falsch lag. Der Aufschwung ließ dann bekanntlich lange auf sich warten; die

Deutschen hatten sich beinahe übernommen und konnten ihre Wiedervereinigung nur mit Mühe stemmen. Vielleicht wären vielen Ostbürgern herbe Enttäuschungen erspart geblieben, wären die Ankündigungen damals realistischer ausgefallen.

Aber das wollen Wähler nicht hören. Sie wollen nicht mit aufkeimenden Problemen belästigt werden. Das tun immer nur Nichtregierungsorganisationen (NGOs), aber die gelten häufig nur als lästige Störenfriede.

Politiker halten sich umfangreiche Beraterstäbe. Deren Aufgabe ist es jedoch in aller Regel, Bedenken abzuwimmeln und ihrem Herrn und Meister den Rücken frei zu halten. Komplizierte Fragestellungen und komplexe Zusammenhänge versuchen sie tunlichst vor der Öffentlichkeit zu verbergen. Nachfragen werden mit Allgemeinplätzen abgefertigt.

Diese Taktik mag erfolgreich sein, wenn es um Feelgood-Kampagnen geht; wenn es allerdings darum geht, konkrete Lösungen für anstehende Probleme zu finden, worin das eigentliche Geschäft der Politik bestünde, ist sie fatal. Denn just wenn sich ein Problem im öffentlichen Bewusstsein so mächtig auftürmt, dass es auch die Politik nicht mehr ignorieren kann, fallen Lösungen, die ja zumeist aus Kompromissen und aus einem Interessenabgleich bestehen, besonders schwer. Die Emotionen sind aufgewühlt, rationale Argumente haben einen schweren Stand. Häufig gelingen zu diesem Zeitpunkt nur mehr Scheinlösungen oder Behelfe, die eine Zeit lang halten, bis die Probleme von Neuem aufbrechen. Da lässt sich mancher dann als Retter feiern, obwohl er wenig mehr als einige Tropfen auf einen heißen Stein zu bieten hatte. Um wie viel einfacher wäre es beispielsweise gefallen, viele Fragen in der Integrationspolitik schon vor Jahren anzugehen, als die Stimmung noch nicht so stark mit Ressentiments aufgeladen war und das schleichende Gift der Angstparolen, das Populisten austräufeln, noch nicht breite Bevölkerungsschichten verseucht hatte. Die Probleme kamen ja nicht wie ein Unwetter aus heiterem Himmel über das Land. Die Fragen nach Deutschkenntnissen, nach dem Zusammenprall unterschiedlicher Milieus oder nach den Parallelwelten, die sich einnisten, waren ja auch damals nicht unbekannt. Vorausschauende Experten hatten sie längst ausgemacht. Aber die Politiker schenkten ihnen nicht ihr Ohr.

Es gibt eine vergleichsweise einfache Methode, um herauszufinden oder zumindest eine Ahnung davon zu erhalten, was einer Gesellschaft demnächst blühen wird. Man fragt die Leute, zu deren Alltag es gehört, sich mit einem bestimmten Bereich intensiv zu beschäftigen, also die Fachexperten und Gesellschaftsforscher, welche potenzielle Problemzonen sich aus ihrer Sicht am Horizont ausmachen. Sie werden vielleicht nicht immer voll inhaltlich Recht behalten, aber sie stecken das Terrain der Zukunft ab und jeder, der sich je auf eine Expedition in unbekannte Gefilde begeben hat, weiß, dass es vernünftiger ist, mit Kompass und Karte die Reise anzutreten. Man ist schlicht trittsicherer.

Man kann diese Methode auch systematisieren, indem man eine große Zahl von Experten in den unterschiedlichsten Denkfabriken befragt und anschließend versucht, in ihren Antworten spezifische Muster zu erkennen. Ein Name für diese Methode lautet Arena-Analyse und davon erzählt dieses Buch.

Seit nunmehr vier Jahren haben sich die Österreich-Redaktion der ZEIT und das Public Affairs Beratungsunternehmen Kovar & Köppl zusammengetan und erstellen einmal jährlich eine Arena-Analyse für Österreich, seit 2008 auch für Deutschland. Die Ergebnisse waren immer spannend und oft frappierend[1]. Dieses Buch bringt eine komprimierte Zusammen-

---

[1] Khorsand, Solmaz; Staaten hört die Signale; DIE ZEIT, 08.01.2009 Nr. 03; http://www.zeit.de/2009/03/A-Think
Luef, Wolfgang; Staat ade!; DIE ZEIT, 03.01.2008 Nr. 02; http://www.zeit.de/2008/02/Oesterreich-Analyse-08
Riedl, Joachim; Was uns morgen blüht; DIE ZEIT, 28.09.2006 Nr. 40; http://www.zeit.de/2006/40/513-Nach-der-Wahl

schau und geht damit den logischen nächsten Schritt. Es könnte auch die verantwortlichen Politiker ein wenig daran zweifeln lassen, ob es gar so schlau ist, im Vogel-Strauß-Verhalten ihr Heil zu suchen. Mitunter kann es hilfreich sein, über den terminlichen Tellerrand zu blicken. Man vermeidet dadurch eine ganze Menge Ärger und, notabene, erspart dem Bürger, dass er sich so häufig an der Nase herumgeführt vorkommt. Vielleicht sollte überall in den Amtsstuben der Republik das alte Motto des Computermultis IBM in adaptierter Form an die Wand geschrieben werden: THINK AHEAD!

Joachim Riedl, DIE ZEIT, Leiter des Wiener Büros

Einleitung: Der Blick aus dem Helikopter

Als am 15. September 2008 die Finanzkrise mit dem Zusammenbruch des Bankhauses Lehman Brothers seinen Höhepunkt erreichte, stürzten alle wichtigen Börsen von London bis Tokyo und von Frankfurt bis New York in Rekordtiefen. Dieses eine Ereignis führte plötzlich der gesamten Finanzwelt vor Augen, dass niemand, kein noch so mächtiges Land und keine noch so etablierte Institution, sich sicher fühlen und schon gar nicht Sicherheit bieten konnte. Die dadurch ausgelöste Vertrauenskrise mündete in eine lange Talfahrt. Bis in den Februar 2009 sollte es mit den Kursen ständig bergab gehen, sodass zuletzt die Hälfte des Finanzkapitals an der New Yorker Börse vernichtet war: Von September 2007 bis Anfang 2009 hatte sich der Dow-Jones-Index von über 14.000 auf nicht einmal 7000 Punkte halbiert.

Die „größte Pleite eines Unternehmens, das die Welt je gesehen hat“, wie eine Zeitung lustvoll schrieb, löste aber nicht nur Verzweiflung und Ratlosigkeit bei den Anlegern, sondern auch eine ganze Flut von finanzmarkt- und kapitalismuskritischer Literatur aus. Gerade die wirtschaftsliberalen Medien – vom „Economist“ und dem „Wall Street Journal“ über die „Financial Times“ bis zum „Handelsblatt“ – werden seither nicht müde, die „Gier der Banker“ zu geißeln oder die Dummheit der Finanzbranche anzuprangern, die immer neue Derivate erfand und sie zuletzt selbst nicht mehr verstand. Das System, so betonen die Kritiker, konnte ja unmöglich funktionieren, ganz zu schweigen von den Fehlern Alan Greenspans, der mit seiner Mischung aus Deregulierung und niedrigen Zinsen all den Fehlentwicklungen erst so richtig Zunder gegeben habe.

Mit einem Wort: Im Nachhinein wissen es wieder einmal alle besser.

Aber wieso war die Krise vorher nicht absehbar? Weshalb haben noch im Jahr 2006, nach dem Platzen der amerikanischen Immobilienblase, die europäischen Banker allesamt versichert, dass es sich um ein typisches

US-Phänomen handle, das für den völlig anders gelagerten europäischen Markt keine Relevanz habe? Ist es vor 2008 niemandem aufgefallen, dass sich der Anteil der Finanzindustrie an der Wirtschaftsleistung der USA seit 1982 versechsfacht hatte, dass der Finanzsektor in allen Industriestaaten gemessen an der realen Wirtschaftsleistung überproportional groß geworden war?

Doch. Natürlich gab es alle Arten von Früherkennung. Unter Experten wurden die Gefahren der Finanzmärkte seit der Jahrtausendwende diskutiert, allen voran die Unübersichtlichkeit der hochkomplexen Derivatprodukte, die durch ihre Hebelwirkung Dominoeffekte auslösen könnten. Ebenso wurde die Federal Reserve, also die US-Notenbank für ihre Politik der niedrigen Zinsen oft genug kritisiert – hochgelehrte Arbeiten wurden zum Problem der Geldmengenausweitung verfasst. Man kann nicht einmal sagen, dass diese besorgten Diskussionen nur unter Experten stattgefunden hätten, sie fanden vielmehr durchaus ihren Weg in die populärwissenschaftliche Literatur. Schon Jahre vor den ersten Subprime-Ausfällen erschienen Dutzende Bücher mit Titeln wie „The Housing Bubble“ (Frank Shostak, 2003) oder „Housing: Too Good To Be True“ (Mark Thornton 2004), oder „The Mess Greenspan Leaves“ (Stefan Karlsson 2005).

Selbst im Kreis der Täter gab es Beteiligte mit ausreichenden analytischen Fähigkeiten und ausreichender Weitsicht. Sie wurden lediglich nicht gehört oder nicht für voll genommen. Michael Gelband, Chef der Abteilung für Immobilienfinanzierung bei Lehman Brothers, warnte bereits 2006 davor, dass sich der US-Immobilienmarkt zu einer überbewerteten Blase entwickelt habe. Er wurde als risikoscheuer Störenfried verlacht und regelrecht gemobbt, bis er verärgert das Unternehmen verließ. Übrigens kein Einzelschicksal: In der Risikomanagement-Literatur ist der Effekt des systematischen Marginalisierens von Kritikern oft beschrieben worden: Wer abweichende Meinungen vertritt, wird oft über kurz oder lang nicht mehr zu wichtigen Sitzungen eingeladen (weil er ständig ermüdende Debatten auslöst), mit dem Effekt, dass sich die Entscheidungsträger zuletzt nur mehr gegenseitig in ihrer Weltsicht bestätigen. Wertvolles Wissen, das im Unternehmen vorhanden wäre und den Blick erweitern könnte, steht so gerade für die Manager ganz oben nicht mehr zur Verfügung.

Freilich macht das die Vorgänge nur noch beunruhigender: Offenbar hätte es nicht nur ausreichend Know-how gegeben, um die schwersten Fehlentscheidungen zu vermeiden – auch die Gefahr, dass gerade dieses Wissen im Bedarfsfall nicht herangezogen wird, war einschlägigen Experten lange bekannt. Trotzdem ist es wieder passiert. So wie die Trojaner die Warnungen ihrer Seherin Kassandra nicht hören wollten, so wie die Führungscrew auf der Titanic nicht zur Kenntnis nehmen wollte, dass manche Techniker das Schiff keineswegs für unsinkbar hielten oder die Päpste der Renaissance ihre Kritiker bis hin zu Martin Luther bekämpften, statt sie ernst zu nehmen ... klingen diese Analogien übertrieben?

Das verspätete Reagieren auf Veränderungen ist tatsächlich ein wiederkehrendes Muster in allen Organisationen und Gesellschaften. Die Politologin Barbara Tuchman hat in ihrem Buch „Die Torheit der Regierenden" mehrere Beispiele detailliert beschrieben, darunter die erwähnten Fälle von Troja und dem Vatikan zu Beginn des 16. Jahrhunderts. Eine fortgeschriebene Neuauflage dieses Klassikers könnte durchaus die Weltwirtschaftskrise von 2008 als weiteres Beispiel für solche Torheiten heranziehen. Gerade deshalb aber lassen sich daraus einige höchst wertvolle Lehren ziehen.

Erstens: Umwälzende Ereignisse treten nicht über Nacht ein. Die wirklich großen Themen, die wirklich drängenden Probleme kündigen sich über längere Zeit an. Die Zukunft ist weder ein schwarzes Loch, noch sind Entwicklungen in Wirtschaft und Gesellschaft schicksalshafte, unbeeinflussbare Ereignisse. Auch die Französische Revolution ist bekanntlich nicht überraschend ausgebrochen.

Zweitens: Die frühen Anzeichen, die allen großen Veränderungen vorangehen, lassen sich beobachten und erkennen. Mitunter braucht es dazu tief gehendes Expertenwissen und ständige hartnäckige Beschäftigung mit einem bestimmten Phänomen, aber es ist ein empirisches Faktum, dass es bei allen wichtigen Entwicklungen Menschen gab und gibt, die viel früher als andere darüber Bescheid wissen und daher besser auf das Kommende vorbereitet sind. Das heißt nicht, dass solche Experten die Zukunft „vorhersagen" können, das sei ausdrücklich betont. Die Disziplin der „Zukunftsforschung" steht nicht ganz zu Unrecht im Pauschalverdacht der Unseriosität. Gefragt sind nämlich nicht Prognosen und Vermutungen, sondern die Beobachtung von Fakten und bereits eingetretenen Entwicklungen, die lediglich noch so sehr am Anfang stehen, dass sie eben nur von Experten bemerkt werden.

Drittens: In unserer komplexen Welt mangelt es nie an Daten und Informationen, sondern allenfalls an der nötigen Orientierung. Alles, was für den Bestand unserer Gesellschaften Belang hat, wird laufend beobachtet, gemessen und registriert. Es muss nur irgendjemand die beobachteten frühen Anzeichen richtig einordnen. Dazu braucht es Analyse, Interpretation und die richtigen Schlussfolgerungen.

Der Klimawandel illustriert diesen letzten Punkt sehr gut. Dass die Erde wärmer wird, ist seit Mitte der 1980er-Jahre unter Meteorologen und Umweltwissenschaftlern ein Thema. Auch die Theorie vom Treibhauseffekt durch Anreicherung von $C0_2$ war damals schon Allgemeingut in den einschlägigen Expertenkreisen. Dennoch dauerte es bis ins 21. Jahrhundert, ehe das Phänomen und seine Ursachen allgemein anerkannt wurden. Erst wurde lange Zeit darüber gestritten, ob die beobachteten Veränderungen nicht einfach nur statistische Ausschläge wären, dann wurden konkurrierende Erklärungen herumgereicht (Sonnenflecken, zum Beispiel), schließlich die Szenarien möglicher Auswirkungen lange angezweifelt. Erst mit dem Bericht, den das Intergovernmental Panel on

Climate Change (IPCC) im Jänner 2007 vorlegte, wurde eine einheitliche, quasi offizielle Sicht der Bedrohungen und Auswirkungen erreicht, die seither als Grundlage für diverse Kyoto-Protokolle und ähnliche Maßnahmen dient.

Aber: Die Messdaten lagen von Anfang an vor, und sie wurden Jahr für Jahr um buchstäblich Millionen von Zahlen ergänzt, von Wettersatelliten bis zu jahrhundertelang eingeschlossenen Luftblasen aus antarktischen Eisbohrkernen. Es gab stets mehr als genug Informationen, aber zu wenig Wissen. Hier liegt naturgemäß auch der schwierigste Part. Nicht so sehr deshalb, weil sich Experten selten einig sind und gerade in Frühphasen oft in sich plausible, aber einander widersprechende Erklärungen vorlegen – diese Widersprüche lösen sich in der Praxis meist nach kurzer Zeit auf. Aber selbst bei Einigkeit können die Experten, die hier eine so zentrale Rolle spielen, immer nur ihren kleinen Spezialbereich kompetent abdecken. Die Phänomene der realen Welt sind aber komplex und interdependent. Alles hängt mit allem zusammen, sinnvolle Bilder ergeben sich erst in der Zusammenschau. Zwei Dutzend Experten nutzen also gewissermaßen immer noch nicht, man müsste täglich mit allen gemeinsam frühstücken und dabei einfach so über die Welt plaudern, das wäre wohl die einzige Möglichkeit, um als Entscheidungsträger den Überblick zu bewahren.

Ein Instrument, das auf einem sehr ähnlichen Prinzip beruht, ist eben die Arena-Analyse, die auch diesem Buch zugrunde liegt. Die Idee lautet, vereinfacht gesagt: Wer ausreichend viele Experten darüber fragt, was sie mit der Lupe in ihren jeweiligen Vorgärten sehen, der kann daraus ein großes Bild einer weitläufigen Landschaft zusammenfügen (zu Grundlagen und Methodik siehe Kapitel „Projektdesign oder Das Problem des Kairos"). Ihr Wert liegt gerade im großen Abstand, aus dem die Entwicklungen betrachtet werden. Die Arena-Analyse liefert gewissermaßen den Blick aus dem Helikopter, der den Schauplatz überfliegt.

Dabei werden die Details unscharf, dafür treten Zusammenhänge ins Bild, die aus größerer Nähe nicht sichtbar sind.

Unternehmen und Politik müssen größtes Interesse daran haben, die Lücke zwischen dem vorhandenen Wissen und dem, was sie auf ihrer Agenda wahrnehmen, zu schließen. Gerade weil alles mit allem irgendwie zusammenhängt, steigen die Folgekosten für falsche Entscheidungen. Die Interdependenzen kommen in manchen Fällen dem berühmten Schmetterlingsflügel der Chaosforscher beängstigend nahe, der einen Taifun auslöst. Wer hätte gedacht, dass das massive Forcieren von erneuerbaren Energien durch die Industriestaaten möglicherweise die $C0_2$-Bilanz verschlechtert, weil die plötzlich gestiegene Nachfrage zu einer verstärkten Abholzung der Regenwälder führte? Ganz zu schweigen von den verheerenden Auswirkungen auf die weltweite Lebensmittelversorgung und Lebensmittelpreise, weil riesige Flächen nicht mehr mit Weizen und Reis, sondern mit Energiesaaten bepflanzt werden. Wie lange hat es gedauert, bis erkannt wurde, dass die europäische Fischereipolitik eine verstärkte Migration aus Afrika nach Europa bewirkt (!), weil die hochgerüsteten Fangflotten Norwegens und Spaniens die Meere vor Westafrika leergefischt und damit der einheimischen Bevölkerung eine Lebensgrundlage entzogen haben. Der Kreis ließe sich noch weiter ziehen, denn ein großer Teil des Fangs, vor allem Thunfisch, geht nach Japan: Die volkswirtschaftlich zweifellos sinnvolle Exportorientierung führt über den Zwischenschritt einer ökologischen Katastrophe zu bevölkerungspolitischen Belastungen.

Unerwartete Interdependenzen finden sich auf Schritt und Tritt. Die österreichische Asylpolitik schadet dem Tourismus: Dass russische Urlauber gerade im Hochpreissegment lieber in die Schweiz fahren, weil sie sich da die entwürdigenden Visa-Formalitäten ersparen, war sogar bereits Thema in russischen Zeitungen. Die Internet-Revolution, von der alle gehofft haben, dass sie zu mehr Transparenz und größerer Informiertheit weltweit führt und all jenen eine Stimme gibt, die in den klassischen Medien nicht zu Wort kamen – diese Revolution hat in Wahrheit den Verlust von aktueller Information zur Folge: Die zahllosen News-Dienste im Web sind nahezu ausschließlich Plattformen der *Weitergabe* von Nachrichten. Die *Erstellung* dieser Nachrichten wird weiterhin überwiegend von den Printmedien und den öffentlich-rechtlichen Rundfunkunternehmen geleistet, denn nur dort gibt es ausreichend große Teams von recherchierenden, wertenden, analysierenden Redakteuren. Das Geschäft mit Anzeigen und Abonnenten machen aber die Internetdienste, weshalb sich die Printmedien ihre Stäbe nicht mehr leisten können, weshalb die Qualitätszeitungen weltweit zugrunde gehen (die USA sind hier Vorreiter) und damit auch die Quellen versiegen, aus denen das Internet seinen Content schöpft. „Der Parasit tötet seinen Wirt", formulierte der US-Medienexperte David Simon bei einer Anhörung im US-Senat drastisch.

Was aber haben Unternehmen davon, wenn sie frühzeitig durchschauen, welche Ausmaße die Klimakatastrophe oder die Finanzkrise annehmen wird, wenn sie die Hintergründe von Migration kennen? Die einfache Antwort lautet: Sie können ihre nötigen Anpassungen von einer wesentlich sichereren Basis aus vornehmen. Denn erspart bleibt ihnen die Arbeit des Anpassens ohnehin nicht, im Gegenteil, es gehört zu den sichersten Kennzeichen dynamischer Unternehmen, dass sie rasch auf veränderte Rahmenbedingungen reagieren.

Welche Stoßrichtung die Anpassung nimmt, ist damit noch nicht gesagt. Oft genügt es, Pläne für den Fall des Falles in der Schublade zu haben. Die Hotelkette Accor hat zum Beispiel aus Anlass der Schweinegrippe einen firmeninternen Pandemie-Plan ausgearbeitet und ihre Mitarbeiter weltweit geschult – vom Anlegen von Gesichtsmasken bei den ersten Warnungen bis zur Abtrennung ganzer Hotelteile als Quarantänestationen. Sollte eine Pandemie tatsächlich ausbrechen, würden diese Vorbereitungen das Unternehmen in die Lage versetzen, seine Services unter allen Auflagen der Gesundheitsbehörden aufrecht zu erhalten; in einem Umfeld, wo vermutlich die meisten anderen Hotels geschlossen werden müssten.

Anpassung kann im aktiven Bekämpfen von unerwünschten Entwicklungen bestehen – ob es sich dabei um Lobbying gegen (früh erkannte oder rechtzeitig erwartete) politische Pläne handelt oder um das Verhindern von Veränderungen in der Umwelt. Gerade hier ist ja fast immer das schnelle Losschlagen ein zentrales Erfolgskriterium, man stelle sich nur einmal vor, die G-20-Staaten hätten schon 1990 mit dem Klimaschutz begonnen und der $C0_2$-Ausstoß wäre seither nur halb so schnell gewachsen ...

Solche Beispiele mit globalen Problemen führen leicht dazu, wirksame Gegenmaßnahmen als utopisch erscheinen zu lassen. Doch das Prinzip Früherkennung gilt auch im kleineren Maßstab. Überdies kann eine vernünftige Anpassungsstrategie auch darin bestehen, Entwicklungen nicht verhindern zu wollen, sondern auf der Welle zu reiten, wenn sie kommt, also beispielsweise auf die Migration dadurch zu reagieren, dass in den Migranten eine Gruppe von Konsumenten mit spezifischen Bedürfnissen erkannt wird und ihnen dann Produkte dafür anzubieten, Werbebroschüren auf Türkisch zu drucken, etc.

Die Arena-Analyse im Sinne des hier verwendeten Instruments wird von Kovar & Köppl in Zusammenarbeit mit der ZEIT seit 2006 jährlich durchgeführt. Es gibt also bereits einen Stock an praktischer Erfahrung, wie sich die Erkenntnisse eines Jahres in den Folgejahren weiterentwickeln. Nicht jedes der aufgetauchten Issues steigt auf der öffentlichen Agenda nach oben, nur wenige kommen tatsächlich zur Eskalation. Diese Unsicherheit ist ja ein konstitutives Element der Methodik, so wie auch in der medizinischen Früherkennung meist nicht gesagt werden kann, ob und wann eine Häufung von Risikofaktoren tatsächlich zum Ausbrechen einer Krankheit führt. Hingegen kann die Ärztin in der Regel sehr wohl sagen, was die Patientin tun muss, um gegenzusteuern – und genau das kann auch das Public Affairs

Management eines Unternehmens, wenn die Ergebnisse der Arena-Analyse vorliegen.

In den letzten Jahren sind jedenfalls überraschend viele Issues aus den vorangegangenen Arena-Analysen eskaliert. So überraschte im September 2006 einer der befragten Experten mit dem Hinweis, dass Österreichs wichtigste Reaktion auf den Klimawandel nicht in CO_2-Reduktionen und Alternativenergie-Programmen bestehen sollte (so positiv diese auch sein mögen), sondern in einer radikalen Umstellung der Wirtschaftsstruktur, weil der Wintertourismus in den Alpen zu den frühen Opfern der globalen Erwärmung zählen würde. Immerhin macht das Skifahren in Ländern wie Salzburg, Tirol und Vorarlberg rund 12 bis 15 Prozent des jeweiligen Bruttosozialproduktes aus. Dass Tirol sich touristisch zu einem Land ohne Skipisten umdefinieren soll, war 2006 eine reichlich radikale, wenngleich im Kern plausible Idee. Doch dann kam ein nahezu schneeloser Winter. Das Hahnenkammrennen in Kitzbühel im Jänner 2007 wurde durch einen Super-G ersetzt, selbst für den musste das Österreichische Bundesheer erst Schnee vom Großglockner holen. Kurz darauf erschien der bereits erwähnte Bericht des IPCC, in dem schneelose Alpen als „more likely than not" eingestuft wurden. Seither kommt kein Tourismuskonzept mehr ohne „Alternativangebot" zum Skifahren aus, wenngleich die Ideen einstweilen noch im engen Bereich von Wellness und Entertainment bleiben.

Noch deutlicher lässt sich die Karriere dieses Expertenbeitrags verfolgen, wenn man die dazugehörigen Überlegungen auf der strategischen Ebene betrachtet: Dem Klimawandel entgegenzuwirken (durch eine andere Art der Energieerzeugung, durch Minimieren der Emissionen, durch technische Maßnahmen zur Reduktion von Kohlendioxid) ist nur ein Teil der erforderlichen Strategie. Nötig ist darüber hinaus, Wirtschaft und Gesellschaft so anzupassen, dass sie in einer Welt mit verändertem Klima bestehen können. Häuser müssen also künftig so gebaut werden, dass sie auch bei anhaltend hohen Temperaturen ohne

Klimaanlage bewohnbar sind, Dörfer und Städte müssen Stürmen und Überschwemmungen standhalten, die Land- und Forstwirtschaft muss auf andere Kulturpflanzen umstellen, etc. Dieser Aspekt gehört inzwischen fest zur Klimadebatte – noch vor fünf Jahren war er auf Expertenzirkel beschränkt.

Ein anderes Beispiel betrifft die Welt der internationalen Politik. Auf dem G-8-Gipfel in L'Aquila (8.-10. Juli 2009) betraf eines der wesentlichen Themen die Tatsache, dass die G-20-Runde künftig die G-8-Runde ablösen soll, weil die großen Probleme des Planeten ein höheres Maß an Zusammenarbeit erfordern. Insbesondere das Ziel einer ökonomischen Global Governance lasse sich nur im größeren Rahmen verwirklichen, selbst wenn fürs Erste nur die Schaffung neuer weltweiter Instrumente zur Kontrolle der Finanzmärkte, der Kampf gegen den Klimawandel und die Koordination der Entwicklungshilfe auf der Agenda stehen sollten. In der Praxis ist die G-20 natürlich ein sehr schwerfälliges Gremium, allein die Notwendigkeit, jedes Mal Gipfeltreffen zu organisieren, macht effizientes Vorgehen schwierig. Aber die Einsicht, dass die Welt eine Institution braucht, die auf dem Gebiet der Ökonomie ein Pendant zum UN-Sicherheitsrat darstellt, bildete in L'Aquila eine von allen akzeptierte Prämisse.

Ein Jahr davor war in der Arena-Analyse gleich bei mehreren Experten der Gedanke aufgetaucht, dass die Welt des 21. Jahrhunderts ein Mehr an internationaler Kooperation braucht, aber zugleich die großen Einrichtungen der Zusammenarbeit nicht mehr richtig funktionieren. Die Staatengemeinschaft, so die Erkenntnis, müsse Ergänzungen oder sogar Alternativen zur UNO entwickeln. Die befragten Experten hatten sich diesem Gedanken über sicherheitspolitische Argumente genähert: Die Zahl der „Failed States" und die Zahl der regionalen Konflikte mit Gefahrenpotenzial für den Weltfrieden nimmt zu, die Gremien der UNO sind nicht mehr imstande, effizientes Peacekeeping zu betreiben, multilaterale Streitkräfte wie in Afghanistan lassen sich nicht für jeden

Krisenherd aufs Neue zusammenstellen, wenn es keine effizienten Mechanismen gibt, mit denen politische Ziele und Strategien erarbeitet werden können.

Die Idee der „Weltregierung", geboren aus dem Nachdenken über den Umgang mit regionalen Kriegen, wurde durch die Finanzkrise plötzlich auf die Agenda der mächtigsten Industriestaaten katapultiert.

Beispiele wie diese lassen sich beliebig in die Zukunft fortschreiben. Es wird spannend sein, in ein paar Jahren zu überprüfen, welche der (leider überwiegend beunruhigenden) Gedanken von heute politisch wirksam geworden sind. Vielleicht die Rechnung, die mit einfacher Algebra den bevorstehenden politischen Bedeutungsverlust Europas und der USA an die Wand malt: In beiden Regionen wächst die Wirtschaft, wenn überhaupt, langsamer als in aufstrebenden Schwellenländern wie Mexiko, Brasilien, Indien, vor allem aber China. Folglich wird der prozentuelle Anteil am weltweiten Sozialprodukt abnehmen. China hat bereits stolz verkündet, bis 2015 die größte Volkswirtschaft der Welt werden zu wollen. Schon in fünf bis zehn Jahren könnten also die USA und die EU-Staaten selbst gemeinsam nicht mehr stark genug sein, um Wirtschaftssanktionen gegen unbotmäßige Regimes durchzusetzen. Sie können auch Staaten wie China oder Japan nicht mehr so unter wirtschaftlichen Druck setzen, dass sie sich aus Eigeninteresse solchen Sanktionen anschließen. Also bleibt dem Westen nur, in internationalen Gremien den Gleichklang mit den künftigen neuen Wirtschaftsmächten zu suchen – oder aber zur militärischen Option zu greifen, denn die Überlegenheit der USA in diesem Bereich wird noch länger unangefochten bleiben. Die Welt wird auch dadurch wieder ein Stück unsicherer.

Wem die Geschichte vom Aufstieg Chinas nicht gefällt, der sei damit getröstet, dass es auch für das genaue Gegenteil ein durchaus seriöses Szenario gibt. Der US-Autor George Friedman beschreibt es in seinem höchst anregenden (wenngleich über weite Strecken schamlos spekulativen) Buch „Die nächsten 100 Jahre“: Demnach wird es China überhaupt nicht zur Weltmacht bringen, weil mit steigender Wirtschaftsleistung und steigendem Wohlstand die Interessen der verstreuten Regionen dieses Riesenreichs allzu divergent werden. Die Zentralmacht in Beijing entfaltet nicht mehr genug Integrationskraft – das Land zerfällt wie 1989 die Sowjetunion.

Soziale Kohäsion: Die Kluft zwischen Villen- und Arbeiterviertel

Wer einmal in einem Entwicklungs- oder Schwellenland gelebt hat, weiß, wie es sich anfühlt, wenn es ihn nicht gibt: den gesellschaftlichen Zusammenhalt, auch soziale Kohäsion genannt. Reiche, oft im Ausland ausgebildete Brasilianer, Chinesen, Russen oder Südafrikaner kennen zwar Manhattan wie ihre Hosentasche, haben aber keine Ahnung, wie ihre Landsleute ein paar Autominuten entfernt in derselben Stadt leben, in der ihr Penthouse liegt. Natürlich kauft auch der Villenbesitzer aus Berlin-Dahlem oder Wien-Döbling nie im Discount-Supermarkt der Arbeiterbezirke Neukölln oder Favoriten ein, und er verbringt seine Freizeit nicht mit Sozialhilfeempfängern. Doch mit dem Ende der Monarchien, dem allgemeinen Wahlrecht und der Schaffung von Sozialstaaten in Mitteleuropa verkleinerten sich die Einkommensunterschiede und bekam das Arbeiterproletariat die Chance zum Aufstieg in die Mittelschicht. Vermehrt setzte sich die Einsicht durch, dass man innerhalb der Nationalstaaten doch im gleichen Boot sitze.

Eines der Ergebnisse der Arena-Analyse lautet, dass dieser gesellschaftliche Zusammenhalt, der jahrzehntelang gewachsen ist, nun abnimmt und uns daher stärker beschäftigen wird. Die schwierige Wirtschaftslage bzw. die Finanzkrise trifft vor allem die unteren Schichten: Der Verlust von Ersparnissen etwa fällt für sie relativ viel schwerer ins Gewicht. Gleichzeitig entsteht punktuell das Phänomen, dass „Reichen-Communities" selbst für ihre Sicherheit sorgen. Die Gesellschaft „entmischt" sich.

Welche Folgen dies hat, darüber wird noch wenig gesprochen. Welche Gründe gibt es dafür, und wie manifestiert sich der immer tiefere Graben zwischen dem Villenviertel und der Arbeitersiedlung?

Grenzen des Wohlstands und neue Verteilungskämpfe

Die Anzeichen mehren sich, dass die westlichen Industrieländer doch keine kontinuierlich steigende Wertschöpfung mehr erzielen können – mit einem Wort, die Wirtschaft nicht unendlich wächst. Europa und die USA haben ihr Monopol auf die Entwicklung neuer Technologien verloren, die aber die beste Garantie dafür bilden, dass neuer Wohlstand erwirtschaftet werden kann. Unsere Gesellschaft baut auf dem Glauben der Menschen auf, dass sie sich durch Arbeit ihr Leben verbessern können, oder zumindest ihre Kinder in den Genuss der Früchte ihrer Arbeit kommen. Der Sozialstaat baut darauf auf, aus Solidarität einen Teil der Wohlstandsgewinne umzuverteilen. Auch wenn dieser Prozess der Umverteilung schon nicht einfach ist: Viel schwieriger – und noch dazu ungewohnt – ist es, auf einen bereits erworbenen Standard wieder zu verzichten. Was geschieht also erst, wenn der aufzuschneidende Kuchen und damit seine Teile kleiner sind? Eine neue Übung und eine große Herausforderung für die westliche Welt.

Die Menschen spüren genau, dass der wirtschaftliche Wind rauer geworden ist. Der Anteil an Alleinverdienerhaushalten in Österreich etwa ist seit den 1980er-Jahren gesunken: nicht nur, weil mehr Frauen die Berufstätigkeit vorziehen, sondern weil ein Gehalt allein für eine vierköpfige Familie nicht mehr reicht.[2] Sogar unter Akademikern ist die Lohnerwartung deutlich geschrumpft, der Anteil der „working poor" steigt. Ein interessanter Aspekt: Drei Viertel der Bevölkerung halten geringe Einkommensunterschiede für ein erstrebenswertes gesellschaftliches Ziel. (Eine Frage, die sich aufdrängt: Ist es auch genau das reichste Viertel der Gesellschaft, das gegen Umverteilung ist? Oder gibt es Wohl-

---

[2] *Diese und folgende Angaben siehe Friesl, Christian, Ursula Hamachers-Zuma und Regina Polak (Hrsg.): Die Österreicher/-innen. Wertewandel 1990-2008. Wien 2009.*

habende, denen es ein Anliegen ist, dass die Unterschiede nicht zu groß werden?)

Die – kaum überraschende – Folge davon ist, dass die Menschen sich weniger Sorgen um andere und mehr um sich selbst machen. Meso-solidarität – die Sorge um die Nachbarn, die Region oder die eigene Gesellschaft – hat in Österreich spürbar abgenommen, sie liegt nur mehr einem Drittel der Bevölkerung am Herzen.

Darauf dass fehlendes Wirtschaftswachstum nicht nur ökonomische, sondern auch soziale, politische und moralische Konsequenzen hat, hat der US-Ökonom Benjamin Friedman hingewiesen.[3] „Wenn die Leute sehen, dass sich ihr Lebensstandard mit der Zeit verbessert, gibt es auch Fortschritte bei Werten wie Fairness, Großzügigkeit, Toleranz, Demokratieverständnis", stellt Friedman fest.[4] In schlechteren Zeiten aber würden die Menschen skeptisch und schotteten sich ab. Daher gebe die Rezession Anlass zur Sorge, sie könne zu „sehr unbequemen Dingen" führen: „Historisch gesehen hatten es Einwanderer immer leichter, wenn das Pro-Kopf-Einkommen stieg. Treten die Leute indes wirtschaftlich auf der Stelle, empfinden sie Ausländer stärker als Bedrohung", analysiert der in Harvard lehrende Ökonom. Wachstum nütze allerdings nur dann der Moral, wenn der steigende Wohlstand auch einer breiten Masse zugutekomme. (Friedmans Rezept dafür lautet allerdings nicht auf mehr Umverteilung, sondern auf eine wieder strengere Regulierung der Finanzmärkte.)

Ähnliche konkrete Folgen geringeren Wirtschaftswachstums sind Verteilungskämpfe, die weniger zwischen Reich und Arm als vielmehr

---

[3] *Friedman, Benjamin: The Moral Consequences of Economic Growth. New York 2005.*

[4] *„Wachstum nützt der Moral". Zeit Online, 6.7.2009, http://www.zeit.de/online/2009/28/interview-friedman, abgerufen am 30.7.2009.*

innerhalb der Gruppe der sozial Schwächeren stattfinden. Die Sozialbudgets werden nicht steigen, die Ansprüche oder zumindest die Zahl der Anspruchsberechtigten jedoch schon. Dass sich die Schwächeren zusammenschließen und untereinander solidarisch sind, ist laut einem Interview für die Arena-Analyse kaum zu erwarten. Gesunde Senioren werden sich demnach dagegen wehren, dass die Mittel für die Älteren in bessere Pflegeleistungen gesteckt werden. Oder die Senioren allgemein wollen, dass ihre Ansprüche etwa gegenüber Alleinerziehenden Vorrang haben, die sich bessere Kinderbetreuungseinrichtungen wünschen. Schon jetzt ist zu beobachten, dass schlecht ausgebildete Arbeiter gegen Zuwanderer bzw. gegen Ausgaben für bessere Integration auftreten.

Die globale Finanz- und Wirtschaftskrise, die im Herbst 2008 einsetzte, hat nicht nur das sich schon zuvor abzeichnende Problem des geringen Wachstums radikal verschärft. Sie hat auch eine spezielle Art von Verteilungskämpfen in den Vordergrund treten lassen: Wie werden Unternehmensgewinne aufgeteilt? Ist es weiterhin argumentierbar, dass Manager nur ein „Risiko nach oben" tragen, wie in der Arena-Analyse bemängelt wird? Konkret, dass sie nach Erfolgen Prämien bekommen, bei Misserfolg aber keine Einbußen erleiden? Und dies, während die Gehälter der „Normalsterblichen" stagnieren? Ein Gedanke liegt nahe: Die Entlohnungsstrukturen in den Finanzinstituten müssten so geändert werden, dass nicht nur der nächste Quartalsbericht, sondern längerfristige Unternehmensziele für das Gehalt eines Managers ausschlaggebend wären. Diese Diskussion begann prompt; offen blieb zunächst, ob die Politik dieses Ziel tatsächlich durchsetzen kann (Stand September 2009).

Im Gegensatz dazu hat die Auseinandersetzung der Politik mit dem breiteren Szenario des endlichen Wachstums noch nicht begonnen. Dass die Bevölkerung (noch) nicht auf längerfristige Wachstumskrisen vorbereitet wird, könnte zu heftigeren inneren Auseinandersetzungen führen, als sie die westlichen Demokratien bisher kennen. Einer der

Befragten meint, Wachstum bzw. ein höheres Einkommen müsse als Fortschrittsfaktor gegenüber qualitativen Verbesserungen des gesellschaftlichen Lebens zurücktreten: Angebracht seien mehr Wertschätzung dafür, wenn das Bildungssystem funktioniert oder die Verbrechensrate niedriger ist als anderswo. Mehr Bewusstsein dafür, dass Umweltschutz eine höhere Lebensqualität nach sich zieht. Oder auch ein bewusstes Streben danach, den zwischenmenschlichen Umgang zu verbessern, da auch Werte wie Höflichkeit oder Pünktlichkeit einen Faktor der Lebensqualität darstellten.

Der Mittelstand unter Druck

Stabile, wohlhabende Länder unterscheiden sich von Schwellen- und Entwicklungsländern unter anderem dadurch, dass sich in ihnen ein starker Mittelstand herausgebildet hat. „Während die reiche Oberklasse ihren Willen auch anders durchsetzen kann, muss der Mittelstand auf Demokratie und Rechtsstaatlichkeit als Mittel zur Wahrung seiner Interessen vertrauen“, unterstreicht ein Teilnehmer an der Arena-Analyse.

In Staaten wie China und Indien hat das stabile Wirtschaftswachstum Millionen Menschen den sozialen bzw. wirtschaftlichen Aufstieg ermöglicht (was sich vielen bisherigen Erfahrungen zufolge früher oder später auch in mehr Rechtsstaatlichkeit und politischer Freiheit manifestieren wird). Im Westen hingegen ist der Mittelstand stark unter Druck gekommen.

Eine wesentliche Ursache dafür ist der sinkende Anteil von Beschäftigten in „geschützten“ Bereichen wie der öffentlichen Verwaltung und staatsnahen Betrieben. Es entstehen immer mehr unterschiedliche Beschäftigungsarten – Neue Selbständige, „Ich-AGs“ – denen eines gemeinsam ist: Sie bieten weniger Planungssicherheit als ein festes Anstellungsverhältnis. Auch wenn dieser Trend nicht mehr neu ist: Eine wirkliche Lobby hat diese Bevölkerungsgruppe noch immer nicht, wie mehrere Befragte feststellen.

Zwar sind laut einem befragten Ökonomen die Einkommen heute dreimal so hoch wie vor 50 Jahren. Die Aufwärtsdynamik habe im letzten Jahrzehnt jedoch nachgelassen, und 2008 hätten viele Arbeitnehmerinnen und Arbeitnehmer Reallohnverluste hinnehmen müssen. Die Frage der Verteilung von Einkommen, Chancen und Lasten in unserer Gesellschaft, so ein anderer Beitrag zur Analyse, werde in vielerlei Hinsicht eine höhere Brisanz bekommen. Demnach stellt sich auf nationaler Ebene verstärkt die Frage der Einkommensverteilung zwischen Arbeit und Kapital.

Laut einer Studie des Deutschen Institutes für Wirtschaftsforschung (DIW) auf der Basis von Daten aus dem Jahr 2007 besitzt über die Hälfte der Bevölkerung keinerlei Vermögen (oder ist verschuldet), während 30 Prozent der Bevölkerung über 90 Prozent des gesamten Netto-Privatvermögens auf sich vereinen.[5] Dies gehe, so eine weitere DIW-Untersuchung, auf immer unterschiedlichere Markteinkommen und eine nachlassende Umverteilungswirkung des Staates zurück. Demnach fiel z.B. der Anteil der einkommensbezogenen „Mittelschicht“ an der Gesamtbevölkerung auf der Ebene der Markteinkommen von 44 auf 26,9 Prozent.[6]

In Österreich herrschen ähnliche Tendenzen. Der Sozialbericht 2008 des Bundesministeriums für Arbeit, Soziales und Konsumentenschutz zeigt auf, dass sich der Umverteilungsprozess von den Lohn- zu den

---

[5] *Frick, Joachim und Markus Grabka: Gestiegene Vermögensungleichheit in Deutschland. In: Wochenbericht des DIW Berlin, 4/2009, S. 54-67.*

[6] *Goebel, Jan und Peter Krause: Gestiegene Einkommensungleichheit in Deutschland. In: Wirtschaftsdienst 12/2007, S. 824-832.*

Gewinn- und Vermögenseinkommen stark beschleunigt hat.[7] Im Klartext: Die Gruppe bestehend aus Unternehmern, Land- und Forstwirten sowie Freiberuflern und jene, die auf Erträge aus Mieten, Pacht, Zinsen oder Dividenden zählen können, kann sich über einen viel höheren Einkommenszuwachs freuen als Arbeitnehmer. Seit 2001 hatten diese Personen um 7,9 Prozent pro Jahr mehr auf dem Konto, Arbeiter und Angestellte hingegen nur um 2,8 Prozent. Die Lohnarbeit der qualifizierten Arbeiter und Angestellten, die das Rückgrat der Mittelschicht bilden, lohnt sich also immer weniger.

Auch bei den Geldvermögen klafft der Spalt immer weiter auseinander. Die Ungleichheit der Geldvermögensverteilung, die im sogenannten Gini-Koeffizienten gemessen wird, liegt in Österreich „im internationalen Vergleich eher hoch", halten Mitarbeiter der Nationalbank ebenfalls im Sozialbericht fest.[8] Demnach besitzt das oberste Promill (0,1%) der Haushalte acht Prozent des Gesamtgeldvermögens – und dies entspricht genau den gesamten unteren 50 Prozent aller Haushalte, die ebenfalls über acht Prozent des Geldvermögens verfügen. In einer Fußnote des Berichts heißt es, in Bezug auf Vermögen könne der „für die Nachkriegsjahre dominierende soziologische Befund von einer nivellierten Mittelschicht" nicht mehr aufrecht erhalten werden.

---

[7] *Guger, Alois und Käthe Knittler: „Entwicklung und Verteilung der Einkommen". In: Sozialbericht 2007-2008. Hrsg. Vom Bundesministerium für Soziales und Konsumentenschutz. Wien 2009, S. 260, http://bmsk2.cms.apa.at/cms/site/attachments/4/5/5/CH0107/CMS1232705650368/17_einkommensverteilung.pdf;jsessionid=aLvm4whQiPzh, abgerufen am 31.7.2009*

[8] *Mooslechner, Peter und Martin Schürz: „Verteilung der Geldvermögen", ebda., S. 275, http://bmsk2.cms.apa.at/cms/site/attachments/4/5/5/CH0107/CMS1232705650368/18_verteilungdergeldvermoegen.pdf;jsessionid=aLvm4whQiPzh, abgerufen am 31.7.2009*

Die Angehörigen der Mittelklasse sehen sich, bedingt durch die Wirtschaftskrise, nun auch einem höheren Risiko ausgesetzt, ihren Arbeitsplatz zu verlieren. Die Armutskonferenz, ein österreichisches Netzwerk von sozialen Organisationen, das sich als Lobby der Armen versteht, weist darauf hin, dass Österreich mit der Höhe der Arbeitslosenleistungen unter vergleichbaren OECD-Ländern im unteren Drittel liegt.[9] Ein durchschnittliches Einkommen reiche nicht mehr aus, damit das Arbeitslosengeld, das man nach dem Verlust des Arbeitsplatzes beziehe, über der Armutsschwelle liegt. Der EU-Durchschnitt der Ersatzrate liegt laut der Armutskonferenz bei 70 Prozent, in Österreich hingegen nur bei 55.

Für Unternehmen bedeutet diese Erosion der Mittelschicht natürlich, dass viele Kunden sich gewisse Produkte nicht mehr leisten können; wenn die potenziellen Käufer weniger Geld in der Tasche haben, müssen Produkte sowohl anders gestaltet als auch billiger werden.

Sighard Neckel, Soziologe an der Universität Wien, stellt fest, dass die in der Nachkriegszeit stattgefundene symbolische Flucht aus der Arbeiterschicht in die Mittelschichten im Verlauf der 1990er-Jahre geendet habe. „Seither nimmt die Identifikation statusniedriger Bevölkerungsgruppen mit der Mittelschicht kontinuierlich ab, zugunsten einer zunehmenden Selbstzurechnung zur Arbeiterschaft und zu den unteren Schichten - ein Phänomen, das als declining middle auch in anderen westlichen Ländern festgestellt wird.“[10] Die zunehmende Kluft zwischen „oben“ und „unten“ schaffe ein dichotomisches

---

[9] http://www.armutskonferenz.at/ armutskonferenz_news_armutsfallenotstandshilfe.htm, abgerufen am 1.8.2009

[10] „Die gefühlte Unterschicht“, Gastbeitrag von Sighard Neckel am 17.1.2008, http://www.dieuniversitaet-online.at/beitraege/news/die-gefuhlte-unterschicht/587/neste/5.html, abgerufen am 1.August 2009.

Gesellschaftsbild, „das für ´Klassengesellschaften` typisch ist und das daher seit einigen Jahrzehnten in den Europäischen Wohlfahrtsstaaten als überwunden galt“.

Verlust der Akzeptanz des gesellschaftlichen Systems

Mehrere für die Arena-Analyse Befragte äußern ein Unbehagen darüber, dass die Akzeptanz unserer Gesellschaftsordnung sinke. Dies zeige sich ausdrücklich in Diskussionen über ungerechte Verteilung, Dominanz von Finanzmärkten oder die Missachtung von Umweltproblemen. Laut einem Teilnehmer äußert sich dieser Akzeptanzverlust in Angst vor der Zukunft, in feindlicher Haltung gegen Ausländer, im Gefühl, benachteiligt und nicht gehört zu werden, in Politikferne und in der Wahl extremer Gruppen.[11] Ihm zufolge sprechen extreme politische Gruppen oder politikferne Organisationen diese Ängste besser an als die Mainstream-Parteien, ohne aber langfristig taugliche Lösungen anzubieten. Hoffnungslosigkeit, Inaktivität, Aggressivität, Isolierung oder Realitätsflucht seien die Folge.

Demnach geht es vor allem darum, zu verhindern, dass die Jugendlichen aus dem System herausfallen bzw. dafür zu sorgen, dass sie darin einen entsprechenden Platz eingeräumt bekommen. Die Aufgabe, den Jungen Chancengleichheit zu bieten, um den gesellschaftlichen Aufstieg zu schaffen, ist, so erklärt ein Teilnehmer an der Arena-Analyse, ein Zukunftsthema und keines, das sich etwa mit den Umwälzungen nach 1968 oder der allgemeinen Demokratisierung schon erledigt hätte. Vor allem in den sogenannten bildungsfernen Elternhäusern sei der Glaube

[11] So erzielte die FPÖ unter Heinz Christian Strache bei den österreichischen Nationalratswahlen 2008 in der Gruppe der Männer unter 30 Jahren 28 Prozent, bei den Frauen dieser Altersgruppe 21 Prozent. Insgesamt kam die FPÖ auf 17,5 Prozent. Siehe: http://www.sora.at/images/doku/SORA_ISA_Analyse_NRW_2008.pdf, abgerufen am 4. August 2009.

an die Möglichkeiten, einen Aufstieg über Bildung zu erreichen, schwach ausgeprägt. Es ginge also besonders darum, auch die Eltern – nicht nur, aber auch Immigranten – zu erreichen und ihnen eine positive Vision für die Zukunft ihrer Kinder nahezulegen. US-Präsident Obama und seine Frau propagieren bei Auftritten z.B. in Schulen mit vorwiegend schwarzen Kindern regelmäßig, dass jeder junge Mensch – so wie sie – den Aufstieg über Bildung schaffen könne. Sie wenden sich auch an die Eltern und sagen diesen klar, es liege in ihrer Verantwortung, dass ihr Kind auch etwas anderes lerne als mit dem Gameboy umzugehen.

Laut einem Befragten erwartet heute schon niemand mehr, dass die Politik tatsächlich dabei helfe, die Zukunft zu bewältigen. Um die Menschen zu motivieren, Herausforderungen und Reformen anzunehmen, müsse die Politik aber positive Visionen anbieten. Eine realistische positive Vision für Österreich im Jahr 2020 könne etwa so aussehen:

- Österreich hat die bestausgebildete Bevölkerung. Bildung wird nicht mehr vererbt, sondern orientiert sich an Fähigkeiten und Begabungen.
- Österreich ist ein exzellenter Standort für Unternehmen, besonders auch von Unternehmenszentralen und Forschungsstätten.
- Österreich hat die geringste Armutsquote in Europa.
- Österreich ist offen für Personen, die hier studieren wollen, unser Arbeitspotenzial vergrößern oder Pflege und Gesundheit betreuen wollen.
- Österreich hat hohe Umweltstandards und eine ökologische Vorreiterposition.

Arbeitslos wegen der Ausländer?

Der härtere Kampf um einen sicheren Arbeitsplatz und Einkommen ist, so glauben immer mehr Menschen, ein Wettkampf zwischen Inländern und Zuwanderern: der soziale Konflikt wird zu einem ethnischen. Dabei hätten Sozialforscher erwartet, dass die wirtschaftliche Erfolgsgeschichte des Landes und die Jahrzehnte des Wohlstands Großzügigkeit sowie Gemeinschaftsgefühl fördern. „Wider alle Prognosen erleben wir, dass der Individualismus gestiegen ist und die Menschen materialistischer und ausländerfeindlicher sind denn je", sagt Christian Friesl, der Autor der Studie über den Wertewandel in Österreich.[12] Solidarität mit Menschen aus Ländern, in denen Krieg oder brutale Unterdrückung herrschen, wird kaum noch geübt.

Die Ursachen dafür sind bekannt. Weder Deutschland noch Österreich haben bisher viel Erfahrung mit Einwanderung, sondern haben eher Menschen exportiert. Seit spätestens Anfang der 1990er-Jahre wurde das Thema von fast allen Parteien aus Gründen der Stimmenmaximierung politisch vergiftet. Studien, die zeigen, dass Ausländer der Volkswirtschaft mehr bringen als sie kosten, dringen nicht bis in die breite Öffentlichkeit durch. Die Politik tut wenig bis nichts dagegen, dass der Zuzug von Ausländern mit steigender Arbeitslosigkeit verknüpft wird.

Auch was zu tun wäre, ist kein Geheimnis. Immigration böte die Chance, dem Schrumpfen der Bevölkerung in Deutschland wie Österreich – samt all seinen Folgen wie die Gefährdung des Sozialsystems – entgegenzuwirken. Eine gezielte Migrationspolitik, wie sie die klassischen Einwandererländer schon lange betreiben, stellt für das alternde Mitteleuropa eine große Chance dar.

Eine neue Facette dieses Problems bildet laut der Arena-Analyse der sich immer deutlicher Bahn brechende Nationalismus in Osteuropa, vor

---

[12] *Meinhart, Edith: „Die Unzufriedenheit mit der Demokratie: Wertestudie beleuchtet die Gesellschaft". Profil Online, 13.6.2009, http://www.profil.at/articles/0924/560/244201/die-unzufriedenheit-demokratie-wertestudie-gesellschaft, abgerufen am 5. August 2009.*

allem in Ungarn. Die rechtsextreme Partei Jobbik („Bewegung für ein besseres Ungarn“) und ihr paramilitärischer Arm, die Ungarische Garde hetzen gegen Roma, Juden und Intellektuelle. Traditionelle Parteien geben diesem Druck teilweise nach und machen sich zum Anwalt von magyarischen Volksgruppen in den Nachbarstaaten, die durch die Grenzziehung nach dem Ersten Weltkrieg vom Mutterland abgetrennt wurden. Dieser Druck erzeugt, etwa in der Slowakei, Gegendruck: Gesetze zum Schutz der ungarischen Minderheit oder Versöhnungsgesten zwischen den Staaten sind plötzlich wieder umstritten.

Diese Entwicklung ist eine Herausforderung für die EU: Am ehesten kann – und muss – sie dafür sorgen, dass Extremismus und Nationalismus innerhalb ihrer Grenzen politisch bekämpft und zurückgedrängt werden. Wie alle Konflikte könnte auch dieser einen neuen Strom von Asylsuchenden auslösen.

Staatsverschuldung: Die Bleikugel am Bein der Jungen

Ein schon zuvor bestehendes Problem, das sich durch die Finanz- und Wirtschaftskrise aber deutlich virulenter geworden ist, stellt die in fast allen Industriestaaten stark gestiegene Staatsverschuldung dar. Ein Befragter sieht die Verschuldung als Resultat eines „bisher unerreichten Überbietungswettlaufs um die Gunst der Wähler“. Die Ursachen liegen ihm zufolge in der „Unaufgeklärtheit der Bevölkerung über finanz- und wirtschaftspolitische Zusammenhänge und die Übermacht der Parteien im deutschen Demokratiesystem“.

Deutschland steht mit dem Problem nicht allein da. Laut dem Internationalen Währungsfonds (IWF) wird die öffentliche Verschuldung der zehn reichsten Industrieländer von 78 Prozent im Jahr 2007 auf 114 Prozent im Jahr 2014 steigen. Dies bedeute, dass jeder Bürger mit

50.000 US-Dollar in der Kreide steht,[13] berichtet der „Economist". Und weiter: „Seit dem Zweiten Weltkrieg haben noch nie so viele Regierungen so schnell Geld aufgenommen ... und der jetzige Schuldenanstieg wird, anders als der kriegsbedingte, nicht vorübergehend sein." Auch nach dem Ende der Rezession würden nur wenige reiche Länder mit so strikten Budgets arbeiten, dass ihre Verschuldung nicht noch weiter steigt. „Schlimmer noch, der heutige Kredit-Rausch findet vor einer in Zeitlupe laufenden Budgetexplosion statt, der durch die Pensions- und Gesundheitskosten einer alternden Bevölkerung entsteht ... Die demographische Rechnung dürfte zehn Mal so hoch sein wie die finanziellen Kosten der Krise." Der „Economist" empfiehlt, die reichen Länder sollten glaubwürdig versprechen, ihre Defizite zu senken, sobald ihre Wirtschaften wieder stärker seien (und es dann natürlich auch tun).

In diesem Zusammenhang erwähnt das Magazin, dass der Deutsche Bundestag im Juni 2009 beschloss, eine „Schuldenbremse" im Grundgesetz zu verankern: Demnach darf die Neuverschuldung des Bundes ab 2016 nur noch 0,35 Prozent des Bruttosozialproduktes betragen. Zum Vergleich: Dies entsprach 2009 etwa neun Milliarden Euro. Laut der im Juni 2009 veröffentlichten Finanzplanung der Regierung macht der deutsche Bund jedoch bis 2013, also innerhalb von vier Jahren, neue Schulden von 313 Milliarden Euro.[14]

---

[13] *„The biggest bill in history". Economist.com, 11. Juni 2009, http://www.economist.com/opinion/displaystory.cfm?story_id=13829461, abgerufen am 10.8.2009.*

[14] *„Entwurf des Bundeshaushalts 2010 und der Finanzplan des Bundes 2009 bis 2013". http://www.bundesfinanzministerium.de/DE/BMF__Startseite/Aktuelles/Monatsbericht__des__BMF/2009/07/analysen-und-berichte/b01-bundeshaushalt2010-2013/node.html?__nnn=true, abgerufen am 10.8.2009.*

In Österreich hat die Krise natürlich ähnliche Auswirkungen auf das Budgetdefizit wie in Deutschland. Dazu kommt noch, wie in der Arena-Analyse kritisiert wird, der Schuldenberg, der über Auslagerungen angehäuft wird. Daher werde sich die Finanzlage der öffentlichen Institutionen und Unternehmen sehr verschärfen.

Ein Beispiel: Im September 2008 teilte das Europäische Statistikamt (Eurostat) mit, dass die Aufstockung des Kapitals der seit Jahrzehnten ausgelagerten Österreichischen Bundesbahnen (ÖBB) um 1,4 Mrd. Euro im Jahr 2004 Defizit-wirksam als Investitionszuschuss eingestuft wird. Zudem wurde die Streichung der Schulden im Zuge der Übertragung der Mitarbeiter, Anlagen und Aufgaben auf operative Töchter als defiziterhöhender Vermögenstransfer verbucht. Damit erhöhte sich das Haushaltsdefizit 2004 nachträglich von 1,2% auf 4,5% des Bruttoinlandsprodukts (BIP) – auf fast das Vierfache! Laut einer Studie der Oesterreichischen Nationalbank steigen sowohl die Zahlungen des Bundes (Infrastruktur, gemeinwirtschaftliche Leistungen) als auch die Schulden des ÖBB-Konzerns.[15] Derzeit belasten nur die Zahlungen des Bundes das gesamtstaatliche Defizit, die Schuldenquote bleibt unberührt; doch könnten sowohl ÖBB-Holding als auch Teilbereiche aufgrund wachsender staatlicher Zuschüsse schon bald nicht mehr den EU-Kriterien für ausgegliederte Einheiten genügen, was die Schuldenquote erhöhen würde.

Kritiker von Ausgliederungen warnen daher vor den (den Staat belastenden) langfristigen Effekten solcher Transaktionen. So können aufgrund außerbudgetärer Finanzierungen langfristig Verbindlichkeiten für die Republik entstehen, etwa weil der Staat Garantien für Tilgungen

---

[15] *Prammer, Doris: Öffentliche Ausgliederungen: Bilanzkosmetik oder nachhaltige Verbesserung? Fallstudie für Österreich. In: Geldpolitik & Wirtschaft Q1/2009, Österr. Nationalbank.*

oder Zinsaufwand dieser Einrichtungen (Bundesimmobiliengesellschaft BIG, ÖBB oder die Autobahn-Finanzierungsgesellschaft ASFINAG) gibt. Dies gilt auch, wenn keine explizite Vereinbarung besteht, der Staat nur Haftungen übernimmt. Laut Staatsschuldenausschuss betrugen die langfristigen Verbindlichkeiten der ausgelagerten Unternehmen der öffentlichen Gebietskörperschaften im Jahr 2007 mindestens 32 Mrd. Euro oder 13% des BIP – mit ASFINAG (9,2 Mrd. Euro), ÖBB (9,3 Mrd. Euro) und BIG (3,3 Mrd. Euro) an der Spitze; während jene der ausgegliederten Spital-Gesellschaften der Länder ´nur´ eine Milliarde Euro betrugen, machten jene der Quasi-Kapitalgesellschaften von Gemeindeunternehmen gut zehn Milliarden Euro aus.[16]

Wer diese teuren Problemlösungen *nicht* bezahlen muss, ist klar: Diejenigen Altersgruppen, zu denen die allermeisten Politiker und Entscheidungsträger gehören. Dass sowohl in Deutschland als auch in Österreich Reformen im Gesundheits- und Pensionssystem notwendig sind, um den derzeitigen Grad an sozialer Sicherheit aufrecht zu erhalten, ist hinlänglich bekannt. Den jüngeren Generationen wird zusätzlich zu diesen Lasten nun auch noch eine riesige Bleikugel in Form der Staatsverschuldung ans Bein gehängt, die sie mitschleppen müssen.

In einem Beitrag zur Arena-Analyse wird das Thema unter dem Aspekt der Nachhaltigkeit betrachtet: „Keine Generation darf zu Lasten der anderen leben. Ohne grundlegende Reformen im Bereich der Pensions- und Gesundheitspolitik wird dies aber mit Sicherheit nicht gelingen. Zudem werden wir ohne Migration – dies hat auch die OECD erst kürzlich wieder bestätigt – unseren Wohlstand und Lebensstandard mittelfristig nicht halten können.“ Es geht dabei, stellt ein anderer Befragter fest,

---

[16] *Kattinger, Matthäus: „Wie Österreich seine Schulden versteckt“. NZZ Online, 10.7.2009, http://www.nzz.ch/nachrichten/wirtschaft/aktuell/wie_oesterreich_seine_schulden_versteckt_1.2977040.html, abgerufen am 10.8.2009.*

auch um das Aufkündigen von Verantwortung. In den 70er- und 80er-Jahren sei als Kollektiv gedacht und gehandelt worden; heute nicht mehr, da sich die Welt individualisiert habe und mittlerweile über virtuelle Netzwerke funktioniere: „Die junge Generation weiß nicht mehr, was sie erwartet, außer dass der Generationenvertrag nicht mehr funktioniert." Die Jungen kämen logischerweise zu dem Schluss, dass sie für sich selber sorgen müssen. Der Anreiz für sie, sich gesellschaftlich zu integrieren, sinke weiter.

Die Rezepte, wie der Schuldenlawine beizukommen sei, variieren. „Das optimistische Szenario wäre, dass die Kosten der Krise zumindest weitgehend über die großen Nutznießer des vorhergegangenen Booms finanziert werden. Dies würde in irgendeiner Form über Vermögensbesteuerung geschehen", heißt es in einem Interview. Den Impuls dafür zu geben sei am ehesten der G-20 (Gruppe der zwanzig wichtigsten Industrie- und Schwellenländer) möglich, denn die G-8 seien bewegungsunfähig und andere Allianzen nicht mächtig genug. Bisher (Stand September 2009) seien aber keine Schritte in Richtung Vermögenssteuern und „Begleitmaßnahmen" wie die Bekämpfung von Steueroasen zu erkennen. Dies bedeutet laut dem Befragten, dass sich die Ungleichverteilung – insbesondere von Vermögen – verstärkt und zweitens die Konjunktur abgewürgt wird. Ein anderer Teilnehmer spricht von einer Lösung durch verteilungspolitisch möglichst gerechte, insgesamt möglichst niedrige Steuersätze, „also der Quadratur des Kreises".

Die Staatsverschuldung einfach „auszuhalten" wird laut mehreren Beiträgen zur Arena-Analyse nicht viel länger möglich sein. Im pessimistischen Szenario sei daher mit einer Serie von Staatspleiten und damit mit weiterem Vertrauensverlust in die Wirtschaft zu rechnen. Ein Teilnehmer weist auf die Gefahr von Inflation hin und erwähnt sogar eine mögliche Abwertung des Euro.

Sozialer Frieden und demokratische Institutionen

Anhand der skizzierten Themen zeigt sich also, dass der soziale Zusammenhalt, ein besonders seit 1945 gepflegtes Ideal, nicht mehr weiter wächst, sondern schwindet. Die Teilnehmer an der Arena-Analyse werten dies durchgehend als einen Verlust bzw. eine Verschlechterung und weisen auf eine mögliche Gefährdung des sozialen Friedens hin. Ein Befragter macht sich auch Gedanken über die Auswirkungen dieser schwindenden Sicherheit auf die Psyche der Menschen: „Das Schicksal kann man weder abschaffen noch durch administrative Maßnahmen ersetzen, wie das manche Sozialbürokraten in der Hochblüte des so genannten Wohlfahrtsstaates geglaubt haben." Kindern müsse daher – so wie eine Bürste zur Pflege der Zähne – auch ein Werkzeug in die Hand gegeben werden, um mit den unvermeidlichen Verletzungen des Lebens umgehen zu können.

Die im Herbst 2008 ausgebrochene Finanz- und Wirtschaftskrise hat dadurch, dass Ärmere in wirtschaftlich schweren Zeiten zwar nicht absolut, aber relativ abgerufen viel mehr verlieren als Reiche den Trend des Auseinanderdriftens der Gesellschaft beschleunigt. Dies führt dazu, dass die Krise etwas zudeckt, was in geringerem Ausmaß schon vorher gegeben war. In diesem Sinn kann die Krise als „tipping point" verstanden werden, als ein Umkipp-Punkt, an dem (laut der Begriffs-definition) eine Entwicklung die Richtung wechselt bzw. wie in diesem Fall stark beschleunigt wird. Denn wie etwa an den Statistiken betreffend die Vermögensverteilung zu erkennen ist, ist der soziale Zusammenhalt schon ab den 90er-Jahren gesunken.

Die Frage „Wann ist die Krise vorbei und wann kehren wir wieder zu ´normalen´ Zuständen zurück?" geht von einer falschen Vorstellung aus. Der Sozialstaat war auch schon vor der Krise überfordert. Fragen, die zu stellen sind, könnten daher folgende sein: Sind die Menschen bereit dafür, dass es keine Rückkehr zum „Normalzustand" gibt? Welche Ansprüche kann der Bürger an den Staat auch weiterhin zu Recht stellen, und welche nicht? Können wir weiterhin davon ausgehen, dass wir unseren Besitzstand wahren? Bereitet uns die Politik darauf vor, dass wir unsere Ansprüche vielleicht zurückschrauben müssen? Ist das Anspruchsdenken in unserer Gesellschaft zu stark ausgeprägt, und müssen wir mehr Selbstverantwortung übernehmen?

Ein Befragter fasst zusammen: „Ich erwarte eine - nicht nur von rechts kommende - Diskussion über die Fähigkeit der demokratischen Institutionen mit den Ungerechtigkeiten, die infolge der Krise sichtbar werden, wirksam umzugehen. Die gleichen Menschen, die ihren Arbeitsplatz verlieren werden - oder zumindest davor große Angst haben - werden auch schwergewichtig über gekürzte Sozialbudgets die Konsequenzen des Staatshaushaltes zu tragen haben. Das wird - so glaube ich - die Verteilungsdiskussion massiv anheizen und damit auch die Debatte darüber, ob wir mit derartigen systemisch ziemlich extremen Situationen umgehen können."

Die Fähigkeit der demokratischen Institutionen, mit systemisch ziemlich extremen Situationen umzugehen: Brauchen wir eine neue Art des Regierens?

Good Governance: Besser regieren, aber wie?

77 Prozent der Bürger der Bundesrepublik halten die Demokratie für die beste Staatsform, 12 Prozent haben keine Meinung zu dem Thema und „nur“ elf Prozent glauben, dass es bessere Staatsformen gibt.[17] Alles in bester Ordnung also? Nicht ganz, denn die Zahlen täuschen. So groß die allgemeine, theoretische Akzeptanz einer demokratischen Gesellschaft ist: In der gleichen Umfrage sind fast die Hälfte der Menschen, 45 Prozent, unzufrieden damit, wie die Demokratie in Deutschland in der Praxis funktioniert.

In Österreich liegen die Dinge ganz ähnlich. 2008 bezeichneten sich 83 Prozent der Bürger als überzeugte Demokraten, aber zehn Jahre zuvor waren es noch 93 Prozent gewesen.[18] Und 46 Prozent der Österreicher sind mit der Art, wie die Demokratie funktioniert, „unzufrieden“ oder „sehr unzufrieden“. 1999 waren es nicht halb so viele (22 Prozent) gewesen. Jeder Fünfte kann sich „ziemlich gut“ oder „sehr gut“ vorstellen, „einen starken Führer zu haben, der sich nicht um ein Parlament und Wahlen kümmern muss“. Laut den Autoren der zitierten Wertestudie erfasst die Kritik inzwischen die Fundamente des Systems. Vernichtend sind die Studienergebnisse für Österreichs politische Parteien: Nur 14 Prozent der Befragten trauen ihnen.

---

[17] *„Demokratie und Integration in Deutschland“. Bertelsmann Stiftung, Gütersloh 2009. http://www.bertelsmann-stiftung.de/bst/de/media/xcms_bst_dms_27957_27958_2.pdf, abgerufen am 11.8.2009*

[18] *Meinhart, Edith: „Die Unzufriedenheit mit der Demokratie: Wertestudie beleuchtet die Gesellschaft“. Profil Online, 13.6.2009, http://www.profil.at/articles/0924/560/244201/die-unzufriedenheit-demokratie-wertestudie-gesellschaft, abgerufen am 11. August 2009.*

Laut dem Politikwissenschaftler Claus Leggewie herrscht generell der Eindruck, die Demokratie „liefere" nicht mehr.[19] Damit würde sie, so Leggewie, eine wesentliche Säule ihrer Glaubwürdigkeit verfehlen, nämlich die Legitimation durch Output, was Helmut Kohl einmal so formuliert habe: „Wichtig ist, was hinten dabei rauskommt."

Wenn, siehe die oben zitierte Umfrage, die Hälfte der Menschen nicht unrecht hat, dann ist also etwas faul im Staate. Vor allem ist ein bestimmtes Regierungssystem ja nicht Selbstzweck, sondern es geht darum, dass möglichst viele Bürger ihre Anliegen darin als gut vertreten sehen. Demokratie lebt davon, dass sich Menschen und Gruppen einbringen, ihre Interessen vertreten und Kompromisse aushandeln. Könnte es sein, dass die Politik am Bedarf vorbei produziert? Wo sehen die Teilnehmer der Arena-Analyse die Probleme und die Herausforderungen für die Regierenden?

Der Nationalstaat

Die von den USA ausgehende Weltfinanzkrise ist ein besonders drastisches Beispiel für „immer kraftlosere Staaten" und „den sich asymptotisch der Nulllinie annähernden Verlust der nationalen Gestaltungskraft", meint ein Befragter der Arena-Analyse. Wie die historische Erfahrung zeige, meint ein anderer Befragter, sei nach der Finanz- und Wirtschaftskrise auch eine politische Krise zu erwarten.

Etwas spezifischer wird in einem anderen Beitrag ein hartes Urteil über die politisch-geistige Verfasstheit in Österreich gefällt. Der Zustand der Elite, nicht nur der politischen, sei bedenklich: Es gehe nur mehr um Taktik und Macht, die intellektuellen Kompetenzen hätten abgenommen. Anders als in den USA, wo es viele und breite Bürgerbewegungen gebe,

---

[19] *Siehe Leggewie, Claus: „Demokratie neu erfinden?" In: Die Presse, 22. August 2009, Spectrum S. I.*

bringe sich auch die Zivilgesellschaft nicht ein. Als Grund dafür gibt der Beitrag die historisch bedingt besonders große Obrigkeitstreue der Österreicher an und führt aus, dass Bruno Kreiskys Aufruf, alle Bereiche der Gesellschaft mit Demokratie zu durchfluten, nie umgesetzt worden sei.

Die Beiträge der Arena-Analyse zum Thema Good Governance („gutes Regieren") lassen sich, was die nationalstaatliche Ebene betrifft, in drei Schwerpunkte gruppieren: die Probleme des Parteienstaates, der Bedarf an neuen Formen der politischen Organisation sowie die (Un)Fähigkeit, größere Fragen noch lösen zu können.

Der zerbröckelnde Parteienstaat: Volksparteien ohne Volk

Der Trend geht dahin, dass sich die ehemals großen und nun mittleren Parteien weiter desintegrieren und die Stammwählerschaft schrumpft. Erreichten CDU und SPD in den deutschen Bundestagswahlen in den 1970er noch um die 90 Prozent der Stimmen, so kamen sie 2005 nicht einmal mehr auf 70 (genau 69,4 Prozent). Die Zahl der Mitglieder von CDU (ohne CSU) und SPD ist seit den 70er-Jahren von 1,7 Millionen auf eine Million gesunken, wobei 2008 die CDU die SPD erstmals überholt hat. Und von dieser einen Million an Parteimitgliedern sind beinahe die Hälfte 60 Jahre oder älter.[20] Noch schneller ist diese Entwicklung in Österreich verlaufen. Die Großparteien SPÖ und ÖVP kamen bei den Nationalratswahlen 1975 gemeinsam noch auf 93,3 Prozent. 2008 waren

---

[20] *„People´s parties without the people". The Economist, 8.-14. August 2009, S. 23 bzw. http://www.economist.com/world/europe/displaystory.cfm?story_id=14179211, abgerufen am 13.8.2009*

es nur noch 55,3 (was den Verlust der Zwei-Drittel-Mehrheit bedeutete).[21]

Die steigende Zahl der Nichtwählerpartei in allen Wahlen sollte ein Warnsignal dafür sein, dass die Politik ihre Informations-, Motivations- und Mobilisierungsfunktion nicht mehr ausreichend erfüllt. Kollektive Anstrengungen zur Erreichung gemeinsamer Ziele in einer Gesellschaft können so nicht mehr entstehen. Die Politik müsse zurück zum Bürger kommen und ihn neu motivieren, sich um politische Fragen kümmern, heißt es in der Arena-Analyse. Als Bürger fühle man sich bei den Parteien, die ihr Sensorium für den Zorn der Menschen verloren hätten, nicht mehr aufgehoben.

Die Publizistin und CDU-Politikerin Vera Lengsfeld betrachtet die andere Seite der Medaille und schreibt, das Volk weigere sich zu herrschen.[22] Ihr zufolge liegt die Bereitschaft der Deutschen, sich in Parteien zu engagieren, bei nur vier Prozent der Bevölkerung. Das sei so lange kein Problem, als sich die Parteien auf ihre verfassungsrechtliche Rolle beschränken würden, Instrumente der politischen Willensbildung zu sein. „Sie erheben aber einen umfassenden Machtanspruch, der in keinem Verhältnis zu ihrem geringen Organisationsgrad steht. Dieses Missverhältnis von schmaler sozialer Basis und Machtanspruch ist die eigentliche Ursache der Politikverdrossenheit. Sie verstärkt sich durch das Wissen, dass es keine Alternative zum Parteienmodell gibt."

Ein Teilnehmer an der Arena-Analyse stellt fest, die Politik könne die durch die Weltwirtschaftskrise eröffnete Chance, ihr gesellschaftlich-

---

[21] *Siehe „Nationalratswahlen", Bundesministerium für Inneres, http://www.bmi.gv.at/cms/BMI_wahlen/nationalrat/start.aspx, abgerufen am 13.8.2009.*

[22] *Lengsfeld, Vera: „Wenn das Volk sich weigert, zu herrschen". Cicero, September 2007, http://www.cicero.de/dossier_detail.php?ress_id=4&item=2076, abgerufen am 12.8.2009.*

gestalterisches Primat über die Wirtschaft wieder zu erlangen und zu festigen, nicht nachhaltig wahrnehmen. Ausnahmen bildeten maximal die USA, Großbritannien und vielleicht noch Frankreich. Die Politik „ist zu sehr in die in den letzten Jahrzehnten herausgebildeten Muster taktisch-parteipolitischen Denkens verstrickt; Machterhalt für Institutionen und sogar einzelne Repräsentanten um beinahe jeden Preis und der kleine, vermeintliche Vorteil im Kompromiss des kleinsten gemeinsamen Nenners prägen das politische Handeln ... Der Circulus Vitiosus bestehend aus Politikferne der Eliten, mangelnder Qualität der politischen Akteure und des politischen Handelns sowie Politikverdrossenheit der Bevölkerungen scheint kaum zu durchbrechen zu sein." Es sei zu erwarten, dass – auch in Abhängigkeit vom Verlauf der Wirtschaftskrise und der damit verbundenen faktischen gesellschaftlichen Veränderungen – dies in den nächsten Jahren stärker, kritischer und breiter diskutiert werden wird. Und nicht zu vernachlässigen sei die Gefahr einer bereits erkennbaren Ausnützung dieser Schwächen durch populistische politische Kräfte, die plakativ polarisieren und vermeintlich einfache, radikale Lösungen anbieten.

Ein Befragter vermutet, die von Jörg Haider zwischendurch zur „Wahlbewegung" umgeformte FPÖ sei kein österreichisches Phänomen allein gewesen; Silvio Berlusconis Forza Italia bzw. Popolo della Libertà seien die europäische Avantgarde. Nachdem es weder in der Natur noch in der Politik ein Vakuum gebe, würden sich auf jeden Fall neue Politikformen herausbilden.

Während für Demokratien die Gefahr des Populismus diagnostiziert wird, sieht ein anderer Beitrag die aus der Wirtschaftskrise resultierende steigende Arbeitslosigkeit und Armut als mögliche Ursache dafür, dass es in nichtdemokratischen Staaten zu verstärkter politischer Unterdrückung und Gewalt kommen könnte.

„Postdemokratie" nennt der britische Politologe Colin Crouch den Zustand, in dem die Demokratie nicht überwunden oder abgeschafft ist, wohl aber globale Wirtschaftsakteure ein nicht gewähltes Nebenregiment führen und Populisten verschiedener Couleur die Massen gegen Parlamente und Parteien in Stellung bringen.[23]

Demokratie 2.0: Ersetzen Facebook und Crowdsourcing den Stammtisch?

Ausgehend von den Faktoren Politikverdrossenheit und sinkende Wahlbeteiligung argumentiert Vera Lengsfeld, auch den Nichtwählern sollten Gestaltungsmöglichkeiten eingeräumt werden. Denn ein beträchtlicher Prozentsatz der Nichtwähler verbinde seine Enthaltung durchaus mit einer politischen Ansage: der Ablehnung des Angebots aller Parteien. Doch „bisher muss diese Ablehnung die Parteien nicht allzu sehr kümmern, denn unabhängig von der Höhe der Wahlbeteiligung können sie immer 100 Prozent der Mandate unter sich aufteilen. Die Parteien würden sofort unter Veränderungsdruck geraten, wenn sie nur so viele Mandate bekämen, wie sie Stimmen gewinnen können. Die Mandate der Nichtwähler blieben unbesetzt".

Im Rahmen der Analyse Befragte denken bei den neuen Formen der politischen Organisation an den inhaltlichen Input. Einer von ihnen vermisst einen „neuartigen Schulterschluss von ExpertInnen und verantwortungsvollen Politikern, die die eingefahrenen Pfade verlassen. Sozusagen einen ´Club of Rome´ mit angeschlossenen Regierungsvertretern und möglicherweise auch eine Reform unserer demokratischen Entscheidungsprozesse, die solche Veränderungen zulassen."

Ein anderer Teilnehmer wirft die Frage auf, wie einzelne Nationen in einer globalisierten Welt das eigene Gewicht so hoch halten können, dass die eigenen nationalen Interessen und Bedürfnisse in den großen

---

[23] *Crouch, Colin: Postdemokratie. Frankfurt 2008.*

Entwicklungen noch Berücksichtigung finden. In den kleineren europäischen Nationen hält er dafür weitreichende Reformen der Staats- und Verwaltungsstrukturen für nötig: „Das Spannungsfeld zwischen zentraler und regionaler politischer Verwaltung würde dabei weitgehend aufzulösen sein. Wobei klar sein muss, dass eine Stärkung der Regionen bei kleineren Nationen automatisch eine tendenzielle Schwächung der Bundesebene zur Folge hätte (und dass Regionen im Fall Österreichs sich ernsthafter Weise wohl kaum auf die Bundesländer beziehen könnte). Eine Stärkung der staatlichen Zentralgewalt müsste unter Wahrung der regionalen Identität erfolgen, allerdings ohne den derzeitigen macht-politischen Einfluss und ohne die entsprechenden Apparate und Strukturen) der Länder.

Wahrscheinlicher sei jedoch, dass die Politiker in Ländern wie Österreich den Reformdruck nach außen – soll heißen, in Europa an die Europäische Union (EU) – abgeben. „Konsequenzen wären einerseits ein zunehmendes „Bandwaggoning" der kleineren Staaten hinter den großen Lead-Nations, andererseits eine neuerlich zunehmende Radikalisierung der politischen Landschaft in den kleineren Nationen. Denn für die zum Teil zumindest kurzfristig als unangenehm empfundenen Reformen würde die supranationale Entität verantwortlich gemacht und die eigene Unfähigkeit damit bemäntelt. Dieser Trend ist bereits erkennbar, er könnte sich jedoch infolge der Wirtschaftskrise noch erheblich und diskontinuierlich verstärken."

Laut einem weiteren Beitrag ist es aufgrund der Globalisierung nötig, über neue Formen der regionalen Zusammenarbeit zu diskutieren, in die sich Politik bzw. Verwaltung, Wirtschaft und zivilgesellschaftliche Akteure gemeinsam einbringen. Die verschiedenen gesellschaftlichen Systeme seien mittlerweile so eng miteinander verflochten, dass man eines alleine nicht optimieren könne, ohne die Möglichkeiten und Interessen der anderen mit einzubeziehen. Eine solche zielgerichtete Zusammenarbeit und die Entwicklung neuer Instrumente, um die vorhandenen

Kompetenzen und Ressourcen zu bündeln, werden immer wichtiger. „Es geht aktuell nicht nur darum, die rein finanzwirtschaftlichen Rahmenbedingungen neu zu gestalten, sondern es besteht die Chance auch die anderen beiden Säulen der Nachhaltigkeit (Soziales und Umwelt) in die aktuelle wirtschaftspolitische Diskussion mit einzubeziehen. Denn die Erkenntnis, dass soziale und ökologische Belange keinen Gegensatz zur Wirtschaft darstellen (vielmehr liegt hier neues Potenzial für die Wirtschaft) muss nun in konkreten Instrumenten und politischen Diskussionen ausbuchstabiert werden."

Ein anderer Teilnehmer der Arena-Analyse sieht den Wandel des Parteienstaates in engem Zusammenhang mit einem wachsenden Einfluss der Medien: „Es geht darum, wie weit Politik und Verwaltung heute noch aktiv das Geschehen steuern können oder wie weit sie schon Sklaven der Medien- und Meinungsindustrie geworden sind." In einem Papier der CDU-nahen Konrad Adenauer-Stiftung aus dem Jahr 2007[24] heißt es: „Die zentrale Strukturveränderung der politischen Kommunikation ist jene, dass ´Politainment´ kein Schimpfwort mehr ist ... Sowohl von der Wissenschaft als auch den Politikern wird akzeptiert, dass erstens politische Inszenierung stattfindet und zweitens keine strikte Trennung zwischen Darstellungs- und Entscheidungspolitik mehr zu treffen ist."

Dabei hat nach dem stark gewachsenen Einfluss des Fernsehens, insbesondere von Polit-Talkshows, in der Zwischenzeit natürlich schon die nächste Revolution stattgefunden. Die Auswirkungen des Internets auf die politische Willensbildung würden unterschätzt, heißt es in einem Interview. Als Beispiel wird die Steuerung von Demonstrationen nach der umstrittenen iranischen Präsidentenwahl im Juli 2009 genannt. (Schon

---

[24] *Baus, Ralf Thomas: „Zur Zukunft der Volksparteien". Konrad Adenauer Stiftung, Sankt Augustin/Berlin 2009, http://www.kas.de/wf/doc/kas_15443-544-1-30.pdf, S.193, abgerufen am 13. August 2009.*

Anfang 2008 hatten nach dem Aufruf eines 33-jährigen Ingenieurs auf Facebook mindestens eine Million Menschen in etwa 100 Städten Kolumbiens und der ganzen Welt gegen die linksextreme Guerilla Farc demonstriert.) Die Parteien glaubten, so der Befragte, allein im sozialen Netzwerk Facebook oder dem Mikro-Blog Twitter präsent zu sein, lasse sie schon glaubwürdiger und bürgernäher erscheinen, doch das zeige mangelndes Verständnis der Nutzung des Internets zur Meinungsbildung.

Als Positiv-Szenario nennt der Befragte Schweden, das Kontinentaleuropa in dieser Hinsicht um Jahre voraus sei. Es war wohl kein Zufall, dass die erste Piratenpartei 2006 in Schweden entstand, die mittlerweile auch in Deutschland und Österreich Nachahmer gefunden hat. Die Piratenparteien streben einen freien Wissenstausch sowie eine Reform bzw. Abschaffung des Urheber- und des Patentrechts an. Ihnen zufolge liegt der Wert von kreativen Werken und von Wissen vor allem in deren Austausch, der daher erleichtert werden soll. Es geht den Piratenparteien aber auch um Bürgerrechte wie den Datenschutz. Die schwedische Piratenpartei konnte in der Europawahl 2009 7,1 Prozent der Stimmen erringen und stellt damit einen Abgeordneten im Europaparlament.

Da Schweden aus vielen dünnbesiedelten Regionen besteht, ist die IT-Infrastruktur, also auch der Zugang zum Internet, sehr gut ausgebaut. Politische und gesellschaftliche Diskussionen finden online statt, wobei – anders als in Deutschland oder Österreich – mehrere Player einbezogen werden. Ein Beispiel ist die Website www.newsmill.se, auf der Blogger und Politiker veröffentlichen: für Politiker ein praktisches Tool, um ihre Vorhaben abtesten zu lassen.

„In Zukunft wird der Bürger nicht nur alle vier bis fünf Jahre Einfluss via Stimmabgabe ausüben, sondern permanent: durch seine über Internetplattformen strukturierten Politikempfehlungen, seine Ideen und Mitwirkungsmöglichkeiten wie virtuelle Kampagnen. Demonstrationen mag es auch in Zukunft geben, doch das eigentliche Schwungrad sind politisch ambitionierte und gut organisierte Netzwerke mit professionell gepflegten Datenbanken", meinen die Berliner Consulter Jan-Friedrich Kallmorgen und Johannes Bohnen.[25] Demnach müssen sich Staat und Politik darauf einstellen, wenn sie ihre Handlungsfähigkeit bewahren wollen. Für die Bürgergesellschaft wiederum besteht den beiden Autoren zufolge die Herausforderung darin, die neuen Möglichkeiten so zu nutzen, dass die bisher übliche politische Systemlogik gebrochen werde: „Schließlich reagiert Politik fast ausschließlich auf organisierten Druck." In Zukunft würden immer mehr internetgestützte Sammelbewegungen von gut vernetzten Bürgern mit eigener politischer Agenda zu bestimmten Themen entstehen. „Diesen politisierten Netzwerken steht durch die neuen Technologien ein starker Hebel zur Verfügung, Politik in ihre eigene Handlungslogik zu zwingen. Das bislang stark selbstreferenzielle politische System mit seiner eigenen Sprach- und Handlungslogik wird aufgebrochen, Transparenz und Innovationsbereitschaft steigen."

Als Beispiel zitieren Kallmorgen und Bohnen die Website www.whitehouse2.org, auf der Bürger politische Forderungen, die von anderen Bürgern eingestellt wurden, unterstützen, ablehnen, bewerten, kommentieren und weiterverbreiten.[26] Dort behandeln User jeweils aktuelle Themen wie höhere Steuern für Reiche, die Zukunft des US-Gefangenenlagers Guantánamo auf Kuba oder die Rolle der Regierung in einem reformierten Gesundheitssystem.

Doch die Erfahrungen mit diesem „crowdsourcing" genannten Modell, der Auslagerung einer Aufgabe auf die Masse, sind widersprüchlich. Schon vor der Amtsübernahme von Präsident Obama richtete sein Team

---

[25] *Kallmorgen, Jan Friedrich und Johannes Bohnen: „Wie Web 2.0. die Politik verändert". Internationale Politik, Juli/August 2009, http://www.internationalepolitik.de/ip/archiv/jahrgang-2009/juli-august-2009-/wie-web-2-0--die-politik-verandert.html, abgerufen am 13.8.2009.*

[26] *Jeder US-Bürger kann sich registrieren. Mitte September 2009 hatten dies etwa 9300 Personen getan.*

eine Website nach dem Muster von www.whitehouse2.org ein und versprach, dem Präsidenten würden die Ergebnisse vorgelegt, genauso wie er die Meinungen von Experten präsentiert bekomme. „Die Ergebnisse wurden unauffällig veröffentlicht, aber sie waren peinlich ... Inmitten von zwei Kriegen und einem Kollaps der Wirtschaft war die populärste Idee, Marihuana zu legalisieren; der Vorschlag war doppelt so populär wie jener, die von Präsident Bush eingeführten Steuersenkungen für die Reichen abzuschaffen. Online-Poker zu legalisieren war doppelt so beliebt wie die Einführung von landesweitem Wi-Fi."[27]

In der Diskussion um die Nutzung des Internets gibt es Optimisten und Pessimisten. Erstere sehen das Internet als eine Möglichkeit, zur direkten Demokratie zurückzukehren, wie sie in Athen oder, noch etwas weniger lang her, in den Schweizer Landsgemeinden funktioniert hat. Die Optimisten verweisen darauf, welche Möglichkeiten das Internet politischen Basisbewegungen eben im Iran oder in Kolumbien gegeben hat, und sie blicken auf Indien, wo Wähler nun das Strafregister von Kandidaten für politische Ämter einsehen können. „Ihre Vision von einer Internet-Demokratie ist Teil einer breiteren kulturellen Entwicklung hin zur Erwartung, dass wir immer über alles zu Rate gezogen werden".[28]

Die Pessimisten befürchten, dass das Internet eine falsche Illusion von Gleichheit, Universalität und Offenheit herstellt. Da es im Netz sehr einfach ist, selbst auszuwählen, welche Informationen mich erreichen, bilden sich viel eher extreme Meinungen heraus und gemäßigte Anschauungen bleiben auf der Strecke – die Fans von Poker erscheinen zahlreicher als jene, denen das Steuersystem wichtig ist. Lügen breiten sich im Internet wie ein Lauffeuer aus. „Eric Schmidt, der Chef von

---

[27] *„Democracy 2.0 awaits an upgrade". In: International Herald Tribune, 12.-13. September 2009, S. 2.*

[28] *Ebda.*

Google und nicht gerade ein Maschinenstürmer, warnte, dass, wenn die großen Marken des unabhängigen Journalismus stürben, das Internet zu einer Kloake an falschen Informationen werde."[29] Der Internet-Theoretiker Clay Shirky[30] meint, das Netz sei mittlerweile so wichtig, dass man über die damit verbundenen Implikationen bezüglich der Verfassung und der Art und Weise, wie regiert wird, gründlich nachdenken müsse.

Unfähig, große Probleme zu lösen: Rauchverbote statt sicherer Pensionen

Die abnehmende Lösungskapazität des Parteienstaats manifestiert sich laut einem Teilnehmer der Arena-Analyse auch am Verhältnis zwischen Individuum und Staat: „In den letzten Jahren hat es ein Missverhältnis gegeben zwischen abnehmender Regelungsfähigkeit des Staates für individuelle Problemlagen (Sozialsysteme, Armut etc.) und einer zunehmenden Regulierungswut in Fragen der individuellen Lebensweisen wie Rauchverbote oder Nährwertkennzeichnung." Die Politik ergreife solche Scheinlösungen, da sie immer mutloser geworden sei und sich die Lösung komplexer Problemstellungen nicht mehr zutraue. „Unser politisches demokratisches System ist in Gefahr", heißt es in einem weiteren Interview. „Wenn nicht die richtigen Fragen behandelt werden, entsteht bei den Bürgern das Gefühl, dass die Politik eigentlich für nichts mehr zuständig ist oder sie sich in Nebensächlichkeiten verliert". Dadurch komme möglicherweise wieder die Sehnsucht nach einem starken Mann auf.

Eine Befragte nennt denselben Trend „von Makro zu Mikro": Die Aufmerksamkeit gelte weniger großen Phänomenen als eben vielen

---

[29] *Ebda.*

[30] *Shirky, Clay: „Here Comes Everybody: The Power of Organizing without Organizations." New York 2008.*

Mikrodiskussionen, weil es nicht einfach sei, in Zeiten von länder- und organisationsübergreifenden Kooperationen Probleme zu lösen. Daher sei es ein mögliches Szenario, dass das System „Politik“ nicht die bessere Lösung habe und irgendwann bei einem konkreten Thema einmal versage.

Selbst großen politischen Fragen werde nur mehr mit kleinen politischen Maßnahmen begegnet, lautet eine andere Stellungnahme. Dabei delegitimiere gerade dies in konkret intellektueller oder auch unbewusst empfundener Erkenntnis des Staatsvolkes die gewählten Repräsentanten immer mehr. Noch regten sich erst die Stimmen weniger Intellektueller, welche die mangelnde Qualität von Politik und Politikern beklagen und die Perspektivenlosigkeit und Handlungsunfähigkeit kritisieren. Der Befragte erwartet für die kommenden Jahre jedoch eine breitere und kritischere Diskussion über dieses Thema.

Die konkreten Folgen der Fokussierung auf Mikro-Themen beschreibt der Berliner Schriftsteller Peter Schneider, der 2009 ein Gastjahr an der Georgetown University in Washington DC verbrachte, in einem genau beobachtenden Essay über die „sanfte Diktatur“ der „guten Regierung“ (im Sinne von „good governance“):[31] „Die Bürger sehen dem explosionsartig wachsenden Regeldschungel und der Beschneidung ihrer Rechte halb zustimmend, halb ratlos zu“, meint er, wenn es darum geht, die Bevölkerung mit neuen Regeln vor unterschiedlichsten Gefahren zu schützen, die vom internationalen Terrorismus über die Klimakatastrophe bis zum Feinstaub reichen. „Das Vertrackte ist, dass die genannten apokalyptischen Gefahren keineswegs erfunden sind, nur Ignoranten bestreiten sie. Andererseits können nur Fachidioten und profilsüchtige Wichtigtuer leugnen, dass sich mindestens so viele unsinnige wie notwendige Anordnungen mit dem noblen Titel einer

---

[31] Schneider, Peter: „Die sanfte Diktatur“. Cicero, Juni 2009, http://www.cicero.de/97.php?ress_id=1&item=3842, abgerufen am 14.8.2009.

„dringenden Gefahrenabwehr" schmücken. Bürger, die nach dem genauen Grund für eine Anordnung fragen, machen sich verdächtig wie seinerzeit im ´real existierenden Sozialismus´: Wer damals eine Regel der Obrigkeit infrage stellte, gar gegen sie rebellierte, wurde mit dem Satz eingeschüchtert: ´Genosse, du bist doch auch für den Frieden, oder?´"

Als Beispiel nennt Schneider etwa die Sicherheitskontrollen an den Flughäfen. Seit 2001 ein Brite Sprengstoff in seinem Schuhabsatz an Bord eines Flugzeuges bringen und ihn dort zünden wollte, müssen Millionen von Fluggästen bei der Sicherheitskontrolle ihre Schuhe ausziehen; „manche beschweren sich sogar, wenn diese Prozedur – wie es im vergleichsweise leichtsinnigen Europa gelegentlich der Fall ist, nicht von ihnen verlangt wird". Dabei sei nicht einmal sicher, ob man auf diese Weise einen Jet in die Luft sprengen könne. „Und wenn man es kann – ist es sinnvoll, dass die halbe fliegende Menschheit ihr Verhalten für Jahre und Jahrzehnte an einem einzigen, zum Glück gescheiterten Attentatsversuch ausrichtet? Kann es einen größeren Erfolg des internationalen Terrorismus geben?"

Peter Schneider stellt die Frage, was mit einer Gesellschaft passiere, die ihr Leben immer mehr auf die Verhinderung von möglichen und unmöglichen Attentaten ausrichtet und in einem permanenten Alarmzustand lebt. „Wird sie am Ende nicht ein Leben zur Prävention solcher Attentate führen – ein präventives Leben sozusagen?" Sein Fazit: „Wer stirbt, hat im Leben etwas falsch gemacht – und wenn er nur am Heiligen Abend zu viele Räucherkerzen angezündet hat" (Feinstaubgefahr!). Angesichts der globalen Bedrohungen scheine das Zeitalter der Aufklärung und des Rechts des Individuums zu Ende zu gehen: „´Die gute Regierung´ hat nichts Geringeres als das Überleben der Menschheit im Blick und stützt sich dabei auf angeblich unbezweifelbare wissenschaftliche Erkenntnisse. Eine sanfte Diktatur zum Wohl des Bürgers kündigt sich an."

In einem engen Zusammenhang zum Thema Überregulierung als Folge von Gefahrenabwehr steht der Beitrag eines österreichischen Befragten, der von der Unterordnung humanistischer, grundrechtlicher und demokratischer Ideen unter abstrakte Prinzipien wie Effizienz, Wirtschaftlichkeit, Globalisierung, „political correctness" und eben auch Sicherheit spricht. Der Beitrag im Wortlaut:

„Grundrechte, Menschenrechte und auch Demokratie enthalten unter anderem die Aspekte des Scheiterns, von Fehlern und auch des Missbrauchs (Meinungsfreiheit etwa, bedeutet auch eine falsche oder dumme Meinung zu verbreiten). Dieser Aspekt ist zuletzt zunehmend verloren gegangen. Nährboden der Grundrechte ist ein Umfeld, in dem weitgehend unbeobachtet und weitgehend unkontrolliert neue Ideen, Konzepte und Entwürfe erdacht und probiert werden. Es gehört zu neuen Entwürfen, dass sie oft nicht ausreichend mit Datenmaterial belegbar sind. Es ist notwendiger Teil neuer Ideen, dass nicht alle tragfähig sind und sie daher – meist in der Mehrzahl – scheitern."

„Scheitern" und der Mut zu neuen, ungesicherten Wegen werden aber im politischen Leben zunehmend sanktioniert. Damit werden Status Quo, scheinbar bewährte Konzepte und abgesicherte Lösungen bevorzugt und stellen letztlich die einzige politische Handlungsmaxime dar. „Leitkultur", „evidence based decision" (auf Beweismaterial fußende Entscheidungen), ein Fortschreiben anerkannter Prognosen sind die Folge. Eine derartige Gesellschaft ist jedoch nicht mehr imstande, auf überraschende Herausforderungen, auf fremde Ansprüche angemessen zu reagieren. Sie erstarrt und benötigt immer mehr Ressourcen zur Kontrolle und Aufrechterhaltung des Status Quo, zur Abwehr fremder Einflüsse, wie den bestehenden Migrationsbewegungen.

Die Kosten zur Erhaltung dieser absolut gesetzten Ziele wie „Effizienz" und „Wirtschaftlichkeit" werden immer höher, gehen zu Lasten sozialer Ansprüche und höhlen damit die Zustimmung zu den bestehenden staatlichen Strukturen aus. Sie bieten damit die Voraussetzung für andere, meist aggressivere fundamentalistische Bewegungen.

Eine zentrale Ursache für diese Entwicklung ist die immer tiefergehende Angst „Fehler“ zu machen. Ein immer weitergehendes Geflecht von „Institutionen“, die einander – zumindest formal – vollständig kontrollieren und lenken, verleiht Entscheidungsträgern ein (letztlich trügerisches) Gefühl der Sicherheit und der Enthebung von persönlicher Verantwortung. Der Befragte zieht daraus den Schluss, dass – etwa in den Bildungseinrichtungen – Freiräume geschaffen werden müssten, in denen auch Fehlentwicklungen akzeptiert werden. Man müsse sich auch von einem Hochsicherheitsdenken verabschieden, das eine umfassende Sicherheit für alle, ohne persönliche Verantwortung, verspricht. In Politik und in öffentlichen Ämtern fordert der Befragte schärfere Unvereinbarkeitsbestimmungen.

Über die – auch im oben zitierten Beitrag formulierte – Unterordnung der demokratischen Idee unter ein abstraktes Ziel wie die Globalisierung denkt auch der Politologie Leggewie nach. Seiner Meinung nach steckt der nationale Staat seit langem in der – selbst gestellten! – Globalisierungsfalle: „Er kann gar nicht mehr all jene öffentlichen Güter bereitstellen, an die sich die reichen Nationen in Jahrzehnten scheinbar unendlichen Wachstums gewöhnt haben“.[32] Die reichen Nachkriegsdemokratien hätten systematisch die Zukunft vernachlässigt. Denn der Zeittakt der politischen Eliten und auch der meisten Wähler sei auf eine einzige Legislaturperiode ausgerichtet, „Politik wird sprunghaft formuliert und variiert, der bange Blick auf das Politbarometer und die Quartalsbilanzen der Unternehmer hat diese Kurzatmigkeit noch verstärkt“.[33]

---

[32] *Leggewie, „Demokratie neu erfinden“, S. II.*

[33] *Ebda.*

Die New Yorker Soziologin Saskia Sassen diagnostiziert überhaupt die Entstehung einer neuen politischen Ordnung, die schon länger die Hoheit der Staaten relativiere. Die Ordnung der Welt im Umgang miteinander formiert sich demnach um Instanzen der Finanzwelt, die Welthandelsorganisation (WTO), große Nichtregierungsorganisationen wie Amnesty International und Greenpeace oder Völkerrechtsysteme wie den Internationalen Strafgerichtshof, der verbrecherische Machthaber zur Rechenschaft ziehen soll. „Der Staat ist nicht mehr denknotwendig für den politischen Prozess",[34] entsprechend verliere er sein Monopol bei der Regelung und Durchsetzung einer politischen Ordnung.

Vielleicht ist es eine Folge der wirtschaftlich raueren Zeiten, die darauf hinweisen, dass die Zukunft anders als in der Nachkriegszeit nicht mehr automatisch besser ist. Vielleicht sind auch die Ansprüche an die Politik und an den Staat gestiegen. Vielleicht ist, wie ein österreichischer Bundeskanzler sagte, „alles sehr kompliziert" und mit der Globalisierung noch komplizierter geworden. Faktum ist, dass die allermeisten Regierten den Regierenden eine große Portion Skepsis entgegenbringen.

„A crisis is a terrible thing to waste" („Es ist furchtbar, eine Krise zu vergeuden"), hat der an der US-Universität Stanford lehrende Ökonom Paul Romer festgestellt. Zu fragen ist also, was geschehen sollte, um die Krise der Parteien und des Nationalstaates zu nützen.

Hat das Schrumpfen der Massenparteien nicht auch gute Seiten? Ist es nicht eine Vorbedingung dafür, dass mehr Raum für andere Formen der politischen Beteiligung geschaffen wird, etwa über das Engagement in Nicht-Regierungsorganisationen, die viel Expertise einbringen können?

Die Art und Weise, wie sich die Bürger an der Politik beteiligen, ändert sich. Das könnte auch Auswirkungen auf Unternehmen haben.

---

[34] *freiheit@unendlich.welt. In: Der Spiegel, 10.8.2009, S. 80-81.*

Könnten sie nicht davon profitieren, wenn Mitarbeiter sich für ein bestimmtes Thema engagieren? Denn diese bringen damit potenziell wertvolles Know-how ins Unternehmen. Oder machte es nicht vielleicht für beide Seiten Sinn, wenn eine Firma Personen, die sonst im Politikbetrieb arbeiten, auf begrenzte Zeit als Trainees aufnehmen würde?

Auch für die Politik werfen die aufgezeigten Trends Fragen auf. Wie lange können es sich die Besitzstandswahrer und Reformverhinderer im bestehenden System noch leisten, notwendige Änderungen zu blockieren, bevor ihre Machtbasis auf ein kritisches Maß schrumpft? Denn die Kosten dafür werden immer höher, und die Zahl der Menschen, auf die sie umgewälzt werden, auch. So mag eine begünstigte Wählergruppe diesen Politikern beim nächsten Urnengang die Treue halten, beim übernächsten aber vielleicht schon nicht mehr: Schlechte Lösungen lassen sich nicht auf Dauer verbergen. Ein Beispiel für eine solche Blockadehaltung, das sich aufdrängt, ist die immer öfter falsche Aufteilung von Kompetenzen, um die Probleme von heute noch lösen zu können. Die Strukturen der staatlichen Verwaltung neu zu gestalten scheitert seit langem meist an den Interessen lokaler und regionaler Machthaber. Sind die Wähler wirklich nicht davon zu überzeugen, dass es unsinnig ist, zwei voll ausgestattete Krankenhäuser im Abstand von 30 Kilometern zu finanzieren – bloß weil eine Landesgrenze dazwischen verläuft? Sollte der Staat nicht Aufgaben abschütteln, die auch die Zivilgesellschaft oder Unternehmen erfüllen können? Es bliebe den Politikern mehr Zeit und Energie, sich auf das Wesentliche zu konzentrieren; auch dafür, auf den ersten Blick unangenehme, aber notwendige Maßnahmen zu erklären und populär zu machen.

Die Europäische Union: Das Hemd ist nach wie vor näher als der Rock

Grenzüberschreitende Probleme brauchen grenzüberschreitende Lösungen. Daher sind nach dem Zweiten Weltkrieg eine Reihe von

Organisationen und Strukturen entstanden: die UNO samt ihren Unterorganisationen, der Internationale Währungsfonds (IWF), die Weltbank, die Europäische Union, um nur die wichtigsten zu nennen. Seitdem sind gut 60 Jahre vergangen, in denen sich die zu lösenden Aufgaben für die multilateralen Organisationen deutlich geändert haben. Mit Ausnahme der EU, die sich über die Jahrzehnte deutlich weiterentwickelt hat, sind die Strukturen in diesen Organisationen aber gleich geblieben. Dies führt zu enttäuschenden Ergebnissen.

Obwohl sich die EU, eine supranationale Organisation sui generis, als wandlungsfähiger als die klassischen internationalen Organisationen erwiesen hat, wird in der Arena-Analyse ein Mangel an europäischer Integration bzw. deren Richtungslosigkeit festgestellt. Europa verliere global gesehen an Gewicht, stellt ein Teilnehmer fest, „es spielt aber immer noch das Spiel der Nationalstaaten – so als hätte eine spezifisch deutsche oder britische oder polnische Antwort irgendeinen Sinn, wenn dies nicht alles in eine europäische Antwort eingebracht wird“. „Der Kommissionspräsident und mit ihm die EU stehen eigentlich ohne neues Europaprojekt da“, heißt es in einem Beitrag zur Arena-Analyse. Ein weiterer Befragter fordert ebenfalls, die Finalität Europas müsse geografisch und inhaltlich neu diskutiert werden. Es bestehe die Gefahr, dass die Fortschritte der europäischen Integration verloren gingen, „weil die Egoismen der nationalen Regierungen stärker sind als das gemeinsame Gefühl, dass Zusammenarbeit notwendig ist“. Insbesondere in der jüngeren Generation sei das Friedensprojekt Europa ein wenig in Vergessenheit geraten.

Einige der Befragten machen die Debatte über die Unzulänglichkeiten der EU an der Gemeinsamen Außen- und Sicherheitspolitik (GASP) fest, zu der auch die Verteidigungspolitik der EU ressortiert. Anders als in den Nationalstaaten mit ihren Ministerien verfügt die EU über kein außenpolitisches Zentrum; auch sind ihre diesbezüglichen Kompetenzen auf die verschiedenen „Pfeiler“ der EU – erstens EG (hauptsächlich Binnenmarkt und Währungsunion), zweitens GASP und drittens Polizeiliche und Justizielle Zusammenarbeit – aufgeteilt. Solange sich in der Außenpolitik der EU Mehrheitsentscheidungen nicht als Regelfall durchsetzen lassen, wird es ihr, global gesehen, an einer autoritativen außenpolitischen Entscheidungskompetenz fehlen.

Die Nuklearkooperation einzelner Mitgliedstaaten mit Indien ist ein Beispiel dafür, wie schwer es ist, eine koordinierte und gemeinsamen Werten verpflichtete europäische Außenpolitik zu führen.[35] Im März 2006 schlossen die USA und Indien ein Abkommen über die zivile Nutzung der Kernenergie. Frankreich und Großbritannien erhofften sich dadurch einen leichteren Zugang zum Energiemarkt auf dem Subkontinent. Gleichzeitig standen aber etwa die Niederlande und die skandinavischen Staaten dem US-indischen Abkommen skeptisch gegenüber, da sie eine Aufweichung des Atomwaffensperrvertrags befürchteten. Auch historische Gründe wie die Rolle Frankreichs als Kolonialmacht in Afrika oder jene Spaniens in Lateinamerika, aus der diese EU-Mitglieder heute besondere Beziehungen zu diesen Regionen ableiten, wirken sich auf die GASP aus.

Im Rahmen der europäischen Verteidigungspolitik hat die EU mittlerweile über 20 zivile und militärische Missionen im Ausland durchgeführt, teilweise in enger Zusammenarbeit mit der UNO, „was bis vor kurzem undenkbar gewesen wäre“[36]. Doch „die EU an sich versäumt es weiterhin, für *ihre eigene Verteidigung*[37] die Verantwortung zu übernehmen“,

---

[35] *Siehe Bendiek, Annegret und Heinz Kramer: „Die EU als globaler Akteur. Unklare 'Strategien', diffuses Leitbild“. SWP-Studie, Berlin 2009, S. 17,http://www.swp-berlin.org/common/get_document.php?asset_id=5898, abgerufen am 18.8.2009.*

[36] *„Eine Zukunftsagenda für die Europäische Sicherheits- und Verteidigungspolitik (ESVP)“. Friedrich Ebert-Stiftung, Berlin 2009, S. 2, http://library.fes.de/pdf-files/id/ipa/06569.pdf, abgerufen am 18.8.2009.*

[37] *im Original kursiv*

auch wenn sich die europäischen Staats- und Regierungschefs auf „die schrittweise Festlegung einer gemeinsamen Verteidigungspolitik der Union“ geeinigt haben, die „zu einer gemeinsamen Verteidigung“[38] führt. Ein Stolperstein auf dem Weg dorthin ist etwa die fehlende Koordination der Ausgaben unter den verschiedenen nationalen Verteidigungshaushalten. Nicht zuletzt sind die meisten der EU-Länder ja auch NATO-Mitglieder; wenn die EU größere Verteidigungsfähigkeiten erwirbt, bliebe das nicht ohne Auswirkungen auf das transatlantische Bündnis.

Ein Teilnehmer der Arena-Analyse vermisst daher eine hinreichend breite Debatte über mehr Integration in der Sicherheits- und Verteidigungspolitik. Die iranische Atombombe sei nur eine Frage der Zeit, und sie werde das strategische Gleichgewicht im Nahen Osten und Teilen Europas signifikant ändern. Dies und auch die Notwendigkeit von multilateralen Auslandseinsätzen zeige auf, „dass das etablierte Konzept der nationalen Landesverteidigung mit einigen selektiven europäischen Initiativen aus Kosten- und Effizienzgründen kein Modell mehr ist“. Dennoch prägten nationale Vorbehalte aus souveränitätspolitischen Erwägungen das Verhalten der Regierungen. Ein anderer Befragter meint jedoch, dass eine Weiterentwicklung unumgehbar sei; er rechnet daher bis etwa zum Jahr 2020 mit einem europäischen Rüstungsbinnenmarkt und einer europäischen Armee. Damit komme es natürlich zu strukturellen und prozessualen Anpassungen im Verhältnis EU-NATO-USA.

Laut einem weiteren Beitrag wollen die Europäer in der Theorie eine starke EU, „wenn es dann aber konkret um Truppen für Missionen der EU oder den Ausbau eines europäischen diplomatischen Dienstes geht, der Kompetenzen von der nationalen Ebene abzieht, ist die Bevölkerung dagegen“. Außerdem wird ein Führungsmangel in Brüssel konstatiert, der

[38] *Ebda.*

die weitere Integration bremse. Die nationalen Regierungschefs wiederum haben, so heißt es im Beitrag, Angst vor europaskeptischen Gruppen. Sei dies lange nur in den kleineren Mitgliedsstaaten der Fall gewesen, so herrsche diese Angst nun auch in Paris und Berlin. Daher gebe es keine konstruktive Diskussion z.B. darüber, welche Folgen eine Erweiterung der EU um die Staaten am westlichen Balkan für die EU-Institutionen hätte. Als neues Integrationshindernis im Zuge der Finanzkrise herrsche nun auch Angst, dass die EU einem Mitglied der Währungsunion aus einer drohenden Staatspleite helfen müsse.

Etwa 80 Prozent des in Deutschland bzw. in Österreich gültigen Rechtsbestandes beruht auf EU-Recht, wird oft argumentiert. Eine Politikwissenschafterin bestreitet dies jedoch; ihre Untersuchung ergab, während einer Wahlperiode des Deutschen Bundestags seien knapp 40 Prozent der Bundesgesetze von einem „europäischen Impuls" beeinflusst worden.[39] So oder so: Viele Entscheidungen werden auf EU-Ebene getroffen, was ja auch politisch gewollt ist. Ist es für einen Landes- oder Bundespolitiker wirklich sinnvoll, so zu tun, als läge Brüssel in einer anderen Welt als seine Landes- oder Bundeshauptstadt? Wie viele nationale Politiker starten Initiativen oder nehmen an einer teil, um – im Verband mit den EU-Abgeordneten ihrer Partei oder gleichgesinnten Regierungsvertretern anderer Staaten – auf EU-Ebene Ziele zu erreichen, die bei ihren Wählern vielleicht gar nicht schlecht ankämen? Gibt es etwa in Österreich seit dem Thema Transitverkehr kein „nationales Anliegen" mehr, das heimischen Wählern gefiele und womit das Land einen gestaltenden Beitrag zu einer der EU-Politiken leisten würde?

---

[39] *Töller, Annette Elisabeth: „Mythen und Methoden. Zur Messung der Europäisierung der Gesetzgebung des Deutschen Bundestages jenseits des 80%-Mythos". In: Zeitschrift für Parlamentsfragen, 39. Jg. (2008), H. 1, S. 3 ff.*

Die Welt: Lösen die G-20 die UNO ab?

Im November 2008 fand eine Premiere statt: Zum ersten Mal trafen sich nicht nur Minister, sondern die Staats- und Regierungschefs der 20 größten Industrieländer (G-20) zum „Gipfeltreffen über die Finanzmärkte und die Weltwirtschaft" („Summit on Financial Markets and the World Economy"). Im Frühjahr und Herbst 2009 folgten zwei weitere Treffen. Die Meetings waren eine Reaktion auf die durch den Zusammenbruch der US-Bank Lehman Brothers ausgelöste Gefährdung des globalen Finanzsystems. „Fragen der globalen Ordnung sind von entscheidender Bedeutung. Doch sie werden bestenfalls krisenmäßig behandelt, nicht aber in Richtung auf Lösungsmöglichkeiten", stellt ein Teilnehmer an der Arena-Analyse fest.

Internationale Sicherheit, Wirtschaft und Finanz, Handel, Umweltthemen wie vor allem der Klimawandel – die Liste der Themen, die global diskutiert werden müssen, wird immer länger. Doch die Welt besitzt dafür ein nur ungenügendes Instrumentarium, das vor allem die politischen und wirtschaftlichen Machtverhältnisse nicht mehr widerspiegelt. So ergibt z.B. das Quoten- und Stimmrechtssystem des IWF ein Übergewicht für die europäischen Staaten, das durch deren (sinkendes) Gewicht in der Weltwirtschaft nicht mehr gerechtfertigt ist. Trotz einer Stimmrechtsreform im März 2008 haben etwa die Benelux-Länder bis heute eine höhere Quote als China.

Die Geschichte der gescheiterten Versuche, den UN-Sicherheitsrat zu reformieren, ist lang. Im zentralen Gremium für Fragen der internationalen Sicherheit sind kein afrikanischer oder lateinamerikanischer Staat und auch kein muslimisches Land permanent vertreten. „Entsprechend wirkungslos stellt es sich in seiner hauptsächlich Existenz begründenden Rolle, für globale Sicherheit zu sorgen und Kriege zu verhindern, heute dar", merkt ein Befragter an. Eine tief greifende UNO-Reform müsse daher ein zentrales Anliegen der

Staatengemeinschaft sein, damit diese ihre Rolle nach dem Ende des Kalten Krieges auch in einer multipolaren Welt wahrnehmen könne.

Multilaterale Lösungen wären also fällig. Doch das letzte Handelsabkommen etwa stammt bereits aus dem Jahr 1994, als sich 123 Staaten versammelten und die Welthandelsorganisation (WTO) aus der Taufe hoben. Bezüglich der Verbreitung von Atomwaffen gibt es seit 1995 keinen Fortschritt mehr; seitdem haben Indien, Pakistan und Nordkorea ihren Status als Atommächte klargemacht. Das Kyoto-Protokoll über den Klimaschutz von 1997 wurde zwar von 184 Ländern ratifiziert. Die USA, nach China der weltgrößte Verschmutzer der Atmosphäre, sind aber nicht dabei, und viele Staaten haben ihre Klimaschutzziele verfehlt. Ähnlich sieht es bei den Millenniums-Zielen aus, die 2000 von 192 Ländern beschlossen wurden und vorsehen, bis zum Jahr 2015 die Zahl der extrem Armen zu halbieren, HIV/AIDS zu stoppen sowie allen Kindern dieser Welt eine Grundschulbildung zu garantieren. Trotz mancher Fortschritte, vor allem aufgrund des Wirtschaftswachstums in Asien, ist es unwahrscheinlich, dass diese Ziele erreicht werden.

Der venezolanische Publizist und Chefredakteur der Zeitschrift „Foreign Policy" Moisés Naím verficht daher die Idee des Minilateralismus: „Wir sollten die kleinstmögliche Zahl an Staaten an einen Tisch bringen, die nötig ist, um für ein bestimmtes Problem die größtmöglichen Lösungschancen zu haben. Betrachten Sie diese als die magische Zahl des Minilateralismus."[40] In puncto Klimaschutz zum Beispiel seien etwa 20 Länder für 75 Prozent des CO_2-Ausstoßes verantwortlich. Wenn sie sich, so Naím, auf ein Abkommen einigen, sei schon viel gewonnen. Er hält es für wahrscheinlich, dass sich dann auch viele andere Staaten

[40] *Naím, Moisés: „Minilateralism. The magic number to get real international action". In: Foreign Policy, Juli/August 2009. http://www.foreignpolicy.com/articles/2009/06/18/minilateralism, abgerufen am 19.8.2009.*

einem solchen Abkommen anschließen würden. „Natürlich werden Länder, die nicht an den Verhandlungstisch gebeten werden, diesen Ansatz als undemokratisch und als sie ausschließend anprangern. Aber die magische Zahl wird den unhaltbaren globalen Stillstand aufbrechen ... Die Nachteile des Minilateralismus verblassen im Vergleich mit dem Stillstand, der den Multilateralismus des 21. Jahrhunderts kennzeichnet." Minilateralismus sei keine perfekte Lösung, aber mittlerweile eine viel bessere Option als das Wunschdenken des Multilateralismus.

Zu hinterfragen ist freilich, ob sich minilaterale Gruppen tatsächlich auf Lösungen einigen könnten. In den bisher stets gescheiterten Verhandlungen über ein neues Welthandelsabkommen, die Doha-Runde, konnten sich einerseits die Industrieländer und andererseits Indien bzw. Brasilien als Vertreter der Entwicklungsländer nicht über die Regelungen für den Agrarsektor einigen. Keine der beiden Seiten ist aus einer minilateralen Gruppe wegzudenken.

Die Entwicklung zu einer Art Minilateralismus findet de facto ohnehin schon statt: Die G-20 geben vor, wie das globale Finanzsystem geändert werden soll, etwa in Bezug auf Bankenaufsicht oder Steueroasen. Die anderen Staaten können nur nachziehen. Würde Naíms Konzept präzise umgesetzt, wäre jedoch zum Beispiel die Schweiz bei künftigen Finanzgipfeln als einer der global größten Finanzplätze mit am Tisch, was derzeit nicht der Fall ist.

Die G-8, die Gruppe der (mit Ausnahme Japans und Russlands) westlichen Industrieländer, besaß eindeutig nicht mehr genug Gewicht, um den Ton tatsächlich global angeben zu können, weswegen sie am Gipfel in Pittsburgh im September 2008 auch formell durch die G-20 ersetzt wurde. So sehr die Einbindung der Schwellenländer zu begrüßen ist: Eine Folge davon ist, dass es viel schwieriger sein wird, im Westen geprägte Werte wie Demokratie und Rechtsstaat zum Tragen zu bringen. „Die meisten der genannten ´neuen´ Mächte verfügen nicht über mit ´westlichen´ Maßstäben messbare pluralistisch-demokratische

Traditionen und Gesellschaften sowie entsprechende politische Strukturen, manche aber über autokratische Systeme", stellt ein Befragter fest. Die Schwelle, im Falle vielleicht auch nur empfundener Ungleichgewichte oder Nachteile, aber auch zur Durchsetzung als vital beurteilter Interessen auch militärische Macht einzusetzen, liege bei derartigen Staaten niedriger. Normative und stabilisierende Elemente seien verhältnismäßig schwach ausgeprägt. „Das Potenzial für Konflikte – auch solche, die überregionale Auswirkungen zeitigen können – steigt damit tendenziell." So untauglich der EU-Integrationsprozess dafür sein mag, Europa auf der globalen Bühne zu einem durchsetzungsfähigen Spieler zu machen, so historisch beispiellos ist dennoch, in welchem Ausmaß die Mitgliedstaaten der Union bereits Souveränität an die Brüsseler Institutionen abgegeben haben.

Ein wesentliches Problem für „global governance" besteht darin, dass die Großmächte in nur viel geringerem Ausmaß dazu bereit sind, durch den Abschluss internationaler Vereinbarungen ihren Handlungsspielraum einzuschränken oder gar auf Teile ihrer Souveränität zu verzichten. Ein Beispiel dafür ist die Ablehnung des Internationalen Strafgerichtshofes (ICC) – er verfolgt Kriegsverbrechen, Völkermord und Verbrechen gegen die Menschlichkeit – durch die USA. Die Regierung Bush fürchtete, im Ausland operierende US-Truppen könnten vom ICC belangt werden. Ein anderes Handlungsmuster besteht darin, dass China und Russland mit ihrem Veto im Weltsicherheitsrat regelmäßig Beschlüsse verhindern, die ein schärferes Vorgehen gegen diktatoriale oder verbrecherische Regime bedeuten würden.

Die Gründe dafür sind unterschiedlich. Die USA wollen sich als „Weltpolizist" nicht die Hände binden lassen. Undemokratische Staaten und Diktaturen bestehen besonders stark auf der Einhaltung der staatlichen Souveränitätsrechte, um im eigenen Land ungestört schalten und walten zu können – Kritik an Menschenrechtsverletzungen ist dann „Einmischung in innere Angelegenheiten". Afrikanische und asiatische

Länder sind noch von der Erinnerung an den Kolonialismus geprägt und verteidigen daher ihre Eigenständigkeit besonders vehement.

Wenn in China in Fahrrad umfällt ...
Arbeiten und Wirtschaften im Globalen Dorf

Ein kleine Alltagsbeobachtung, wie sie heute viele Menschen rund um den Globus machen. Wir befinden uns vor einem Kaufhaus in der Nähe des Zürcher Bellevue-Platzes; es ist Februar und kalt, aber die Sonne scheint. Erst vor ein paar Stunden sind wir nach einer zwanzigstündigen Reise aus Südamerika angekommen und müssen uns, da dort ja Hochsommer herrscht, erst an die kalte Luft gewöhnen. Vor dem Eingang des Kaufhauses befindet sich ein kleiner Stand: Frische Erdbeeren werden angeboten, und dazu ein „Cüpli", ein Glas Champagner. Wir stutzen einen Moment lang: Natürlich sind die Erdbeeren nicht aus der Schweiz, aber in der südlichen Hemisphäre ist die Saison – von Oktober bis Dezember – doch auch schon längst vorbei!? Egal, denn die Erdbeeren sind in Kalifornien gewachsen. Zu jedem Zeitpunkt herrscht irgendwo auf der Welt ein frühlingshaftes Klima; der Transport der Erdbeeren ist längst kein Problem mehr.

Jener kleine, privilegierte Teil der Menschheit, der über den richtigen Reisepass verfügt und zu dem auch die Mitteleuropäer zählen, ist mittlerweile so mobil und vernetzt wie es noch vor zwanzig Jahren kaum vorstellbar war. Wenn es das Budget zulässt, dann urlauben wir in jenem Land, auf das wir gerade Lust haben. Wir verschieben unser Geld dorthin, wo es den größten Gewinn verspricht und die Waren, die wir konsumieren, kommen aus jeder Ecke der Welt. Die Globalisierung – also die internationale Arbeitsteilung – bedeutet den Triumph der vom britischen Ökonomen David Ricardo im frühen 19. Jahrhundert entwickelten Theorie des komparativen Kostenvorteils. Demnach sind der freie internationale Handel und die Spezialisierung der Staaten auf jene Güter, die sie besonders kostengünstig erzeugen, für alle Beteiligten von Vorteil. „Dabei ist zu beachten", so heißt es aber in der Internet-

Enzyklopädie Wikipedia trocken, „dass nichts über die Verteilung des Handelsgewinns oder die Effekte der Spezialisierung ausgesagt wird".[41]

Der an der New Yorker Columbia-Universität lehrende Ökonom Jagdish Bhagwati zitiert ein prägnantes Beispiel dafür, dass die Globalisierung von der gleichen Person manchmal positiv, manchmal negativ aufgenommen wird. „In einer Radiosendung der BBC diskutierte ich einmal mit dem Bürgermeister einer französischen Stadt, die ihre Hoover-Fabrik an einen englischen Standort verloren hatte. Mein Gesprächspartner beklagte den Verlust und bezeichnete die multinationalen Konzerne in ihrem Streben nach Profit als irgendwie tückisch. Ich antwortete ihm: Herr Bürgermeister, Hoover ist ein amerikanisches Unternehmen. Als es in ihre Stadt kam, klatschen Sie Beifall. Jetzt, nachdem diese Leute weitergezogen sind, regen Sie sich auf. Sie können nicht alles haben."[42]

Die erste goldene Zeit des Freihandels (im ausgehenden 19. Jahrhundert bis zum ersten Weltkrieg) war durch die Konkurrenz zwischen den damaligen Großmächten Großbritannien, Frankreich und Deutschland geprägt, die die Rohstoffe ihrer Kolonien ausbeuteten. In den Freihandelsrunden des GATT (bis 1994) bzw. in der sogenannten Doha-Runde der Welthandelsorganisation WTO geht es nun darum, dass sich die Industrieländer einerseits sowie die Schwellen- und Entwicklungsländer andererseits über eine weitere Liberalisierung des Welthandels einigen. Seit Länder wie China, Indien oder Brasilien sich von Sozialismus und Protektionismus abgewendet haben, verzeichnen sie robustes Wachstum, höheren Wohlstand und verfügen damit auch über mehr politische sowie wirtschaftliche Macht. Nicht von ungefähr stocken die

---

[41] *Eintrag „Komparativer Kostenvorteil", http://de.wikipedia.org/wiki/Komparative_Kostenvorteil, abgerufen am 25. August 2009.*

[42] *Bhagwati, Jagdish: Verteidigung der Globalisierung. München 2008, S. 426.*

Verhandlungen seit Jahren. Die Auswirkungen der Globalisierung auf die Entwicklungsländer sind weniger eindeutig. Sicher ist, dass die neuen Kommunikationstechniken und die erhöhte Mobilität auf beiden Seiten die Distanz zwischen den Industrie- und Entwicklungsländern haben schrumpfen lassen. Nie war das italienische Sprichwort „Tutto il mondo è paese", „Die Welt ist ein Dorf", zutreffender als heute. Und wenn heute in China ein Rad umfällt, dann könnte das in Europa heute – anders als früher – durchaus von Interesse sein.

Die Seligen leben auf keiner Insel mehr

Die Redewendung von der „Insel der Seligen" drückt aus, dass eine Gemeinschaft von Unbill und Widrigkeiten verschont wird, welche rundherum verbreitet sind. Doch Isolation ist, siehe oben, ein Konzept, dass nicht länger funktioniert. Ein befragter Politologe kritisiert daher, dass „in Österreich wirtschafts- und gesellschaftspolitisch immer noch die Mentalität der „Insel der Seligen" vorherrscht". Zahlreiche (gesellschafts-) politische Fragen – Migration und Überalterung, Klimaschutz und Energiepolitik, Bildungspolitik, die Kluft zwischen Arm und Reich – müssten daher unter europäischen oder globalen Gesichtspunkten betrachtet werden.

Ein im Sozialbereich tätiger Teilnehmer an der Arena-Analyse denkt in seinem Beitrag über weltweite Gerechtigkeit nach. „Es gibt das Wissen darüber, dass wir privilegiert leben und unser Lebensmodell nicht global gelten kann", stellt er fest. Wenn bzw. da Abschottung immer schlechter funktioniere, dann müssten alle ernsthaften Diskussionen über globale Gerechtigkeit auch einen „Verzicht" des Westens (Anführungszeichen im Original, Anm.) zum Inhalt haben. Anders als viele sozial engagierte Menschen befürwortet er, wohl in Anspielung auf die Doha-Entwicklungsrunde, mehr und nicht weniger Freihandel: „Die WTO soll den Warenverkehr wirklich globalisieren, sodass auch die ´Dritte Welt´ davon profitiert" (was in der Praxis eine weitergehende Marktöffnung

Europas und der USA im Agrarbereich bedeuten würde). Der Sozialexperte wünscht sich aber auch eine anders strukturierte Entwicklungszusammenarbeit, die erstens weniger zwischenstaatlich und mehr über NGOs laufen solle. Zweitens müsse man weg von Nahrungsmittelhilfe hin zu direkter Unterstützung für Kleinbauern kommen, wie das die Stiftung von Microsoft-Eigentümer Bill Gates praktiziere. Die Finanzkrise senke aber, so heißt es in einem anderen Beitrag, in der Bevölkerung die Akzeptanz für Entwicklungshilfe.

Auch in puncto Technologievorsprung funktioniert die Abschottungsstrategie der Industrieländer immer schlechter. Daher stellt sich laut einer befragten Ökonomin verstärkt die Frage, welche Sektoren in Europa künftig für Wohlstand sorgen können. „Wenn das Wirtschaftswachstum sinkt, werden hiesige ´Luxusbranchen´ wie die biologische Landwirtschaft leiden.“ Andere Einnahmequellen wie Europa als zunehmendes Tourismus-Ziel von Asiaten, die die Kulturgüter und Landschaften kennenlernen wollen, oder von Arabern, die begeistert in die Berge fahren, um Schnee zu sehen, könnten das bisherige Wohlstandsniveau nicht garantieren. „Europa hätte Chancen bei grünen Technologien“, meint die Ökonomin, und denkt dabei an Solartechnik und Verkehrssysteme.

In einer globalisierten Welt, die sich so schnell ändere wie noch nie, müssen laut einem weiteren Beitrag den europäischen Studierenden Höchstleistungen abverlangt werden. Abgesehen davon, dass Englisch als Zweitsprache so früh wie möglich gelehrt werden solle, sei auch eine technische Alphabetisierung nötig: „Denn auch geistes- oder sozialwissenschaftliche Bildung werden sich in Zukunft unausweichlich in einem hochtechnisierten Umfeld entwickeln. In Bereichen wie der modernen Archäologie sind diese Entwicklungen bereits heute greifbar. Dennoch wird diesem Umstand derzeit nicht genug Rechnung getragen.“

An diesem Punkt hakt auch ein befragter Manager ein. Als einen „sehr wichtigen Unterpunkt der Ausbildungsmisere in Österreich“ betrachtet er die Tatsache, dass das Land weder qualitativ und schon gar nicht quantitativ in der Lage sei, dem Output an Naturwissenschaftlern und Ingenieuren der asiatischen Länder Paroli zu bieten. „Ohne Naturwissenschaftler gibt es keine exzellenten Ergebnisse in Forschung und Entwicklung, die ja – und da sind wir uns alle einig – für unsere Hochpreiswirtschaft unbedingt nötig sind." Zwar hätten auch die USA im Vergleich zu China dieses Problem in quantitativer Hinsicht. Wie der Befragte anmerkt, ziehen die USA aber immer noch einen beständigen Strom von jungen Indern und Chinesen an, die an einer der Eliteuniversitäten studieren wollen und nicht in Peking oder Bombay. (Nach Angaben des Politologen und Publizisten Fareed Zakaria sind die Angaben von jährlich 600.000 neuen chinesischen Ingenieuren und 350.000 aus Indien jedoch völlig übertrieben: Dort reiche eine zweimonatige Ausbildung für diesen Titel, also könne sich jeder Automechaniker Ingenieur nennen. In Wirklichkeit würden in den USA pro Kopf mehr Ingenieure ausgebildet als in China und Indien.[43])

Die USA bemühen sich ja aktiv darum, die besten Köpfe anzuziehen und verfolgen eine gezielte Migrationspolitik – wie sieht es damit in Europa aus?

Zu wenig geschätzt: Einwanderer

„Die demographische Verschiebung in Europa begründet ein spezifisch europäisches Interesse an politisch kontrollierter Zuwanderung, zum Beispiel, weil wir Personal für die Pflegeberufe brauchen. Die Nutzung der Mobilität innerhalb Europas und nach Europa wird aber durch den irrationalen nationalen Populismus behindert", hält ein befragter Politologe fest. Ihm geht es also um ein gemeinsames Konzept betreffend

---

[43] *Zakaria, Fareed: Der Aufstieg der Anderen. Das postamerikanische Zeitalter. Berlin 2009.*

die legale Zuwanderung (die von der illegalen Einwanderung oder Asyl zu unterscheiden ist).

Die EU-Kommission stößt ins gleiche Horn. Sie argumentiert, ohne Zuwanderung würde die Bevölkerung im arbeitsfähigen Alter bis 2060 um 110 Millionen Menschen sinken, während sich die Zahl der Personen über 65 Jahre bis zu diesem Datum verdoppeln würde. Schon innerhalb der kommenden 20 Jahre werden der Kommission zufolge EU-weit 20 Millionen ausgebildete Arbeitskräfte fehlen. Allerdings: Nur fünf Prozent aller gut ausgebildeten Migranten weltweit siedeln sich in Mitgliedsstaaten der Europäischen Union an.[44]

Deswegen haben die EU-Innenminister im Mai 2009 die Einführung der sogenannten „Blue-Card“ beschlossen, einer kombinierten Aufenthalts- und Arbeitserlaubnis nach dem Vorbild der „Green Card“ aus den USA. Doch der ursprüngliche Entwurf der Kommission wurde auf Wunsch der Mitgliedstaaten, allen voran Deutschland und Österreich, abgeschwächt. Anders als in den USA ist die „Blue Card“ nur maximal vier Jahre und nicht unbegrenzt lang gültig. Sie gilt prinzipiell nur im ausstellenden Mitgliedsstaat und erst nach 18 Monaten darf der Karteninhaber mit seiner Familie unter bestimmten Bedingungen auch in einen anderes EU-Land wechseln. Dänemark, Großbritannien und Irland beriefen sich auf ihre Zusatzprotokolle zum EU-Vertrag und sind von der Geltung der Richtlinie überhaupt ausgenommen. Es stellt sich daher die Frage, ob dieses Angebot attraktiv genug ist, um hochqualifizierte Arbeitskräfte tatsächlich nach Europa zu locken, denn das Versprechen des Zugangs zu einem gesamteuropäischen Arbeitsmarkt ist eben nur sehr eingeschränkt gültig. Weiters muss der Lohn eines Jobs, um mit einem „Blue Card“-Inhaber besetzt werden zu können, mindestens das 1,2-fache des

---

[44] *Bendel, Petra: Europäische Integrationspolitik. Bestandsaufnahme und Trends. Friedrich Ebert-Stiftung, Bonn 2009, S. 10, http://library.fes.de/pdf-files/wiso/06306.pdf, abgerufen am 25.8.2009.*

Jahresbruttodurchschnittslohnes betragen. Ob dies etwa in den Pflegeberufen, für die ja auch Arbeitskräfte fehlen, zutrifft?

Umso wichtiger wäre es wohl, das Potenzial und die Qualifikation schon im Land anwesender Zuwanderer voll zu nutzen. Die Bertelsmann-Stiftung hat über die Kosten unzureichender Integration vom Büro für arbeits- und sozialpolitische Studien (BASS) in Bern einen ausführlichen Bericht erstellen lassen. Darin wird die fiskalische Bilanz der integrierten und der – auf 4,5 Millionen Menschen geschätzten – weniger integrierten Zuwanderer im Erwerbsalter in Deutschland verglichen. Demnach könnten in Deutschland durch eine bessere Integration jährlich zwischen 11,8 und 15,6 Milliarden Euro „gespart" werden![45] Integrierte Zuwanderer sind zu einem höheren Prozentsatz berufstätig und verdienen auch mehr als diejenigen weniger Integrierten, die einen Job haben. Sie zahlen daher höhere Steuern und Sozialversicherungsbeiträge. (Beim Bezug von Sozialleistungen gibt es zwischen den beiden Gruppen aber nur geringe Unterschiede.) Die aufgrund schlechter Integration anfallenden Kosten müssen, so die Studie, von den Kommunen, den Ländern, dem Bund und den Sozialversicherungen getragen werden (im Endeffekt also vom Steuerzahler). Die Wirtschaft profitiere von verstärkter Integration der Personen mit Migrationshintergrund, indem sie produktiver werde, und die Gesellschaft als Ganzes durch einen erhöhten sozialen Frieden.

In einer weiteren Studie weist die Bertelsmann-Stiftung einen Zusammenhang zwischen Zuwanderung und positiver wirtschaftlicher Entwicklung für die OECD-Staaten nach. Damit Zuwanderung funktioniere seien sowohl eine systematische Integrationspolitik als auch

---

[45] *Fritschi, Tobias und Ben Jann: Gesellschaftliche Kosten unzureichender Integration von Zuwanderinnen und Zuwanderern in Deutschland, http://www.bertelsmann-stiftung.de/bst/de/media/xcms_bst_dms_23656_23671_2.pdf, S. 34, abgerufen am 25.8.2009.*

eine „selektive, humankapitalorientierte Zuwanderungspolitik“, also die Steuerung der legalen Zuwanderung, nötig. „Politische Verantwortungsträger in Ländern, die bisher entweder auf die Steuerung der Zuwanderung oder auf eine umfassende Integrationspolitik oder sogar auf beides verzichten, sollten sich vom Erfolg wirtschaftlich prosperierender und sozial stabiler Einwanderungsgesellschaften inspirieren lassen“, heißt es dort klipp und klar.[46] Und weiter: „Gute Integrationspolitik ist vor allem auf chancengerechte Bildung, Arbeitsmarktbeteiligung und gesellschaftliche Partizipation ausgerichtet ... Bildung ist dabei der Schlüssel für faire Chancen auf Teilhabe und Teilnahme. Deshalb ist der Reformbedarf in jenen OECD-Staaten besonders dringend, denen es noch nicht gelingt, den Zusammenhang zwischen Bildungserfolg und sozialer sowie ethnischer Herkunft zu durchbrechen.“ Als Negativbeispiele nennt die Studie Deutschland und Belgien, als Positivbeispiele führt sie die klassischen Einwandererländer Kanada, Australien, Großbritannien und Neuseeland an, wo es gelinge, diesen Zusammenhang bei einem relativ hohen Kompetenzniveau abzuschwächen.[47] In Neuseeland etwa seien die Kinder von Einwanderern in der Schule praktisch genauso erfolgreich wie Kinder aus Familien, die seit Generationen im Land leben – und dies, ohne dass das Niveau der Schulen gesunken sei.

Im Rahmen der Suche nach Strategien gegen den Rechtsextremismus untersuchten Wissenschaftler im Auftrag der Bertelsmann-Stiftung auch, was in dieser Hinsicht aus den Erfahrungen klassischer

---

[46] *Kober, Ulrich, Christal Morehouse und Claudia Walther: Zuwanderung als Segen oder Fluch? Moderne Zuwanderungs- und Integrationspolitiken als Bedingungen für positive Wirkungen der Migration. Bertelsmann-Stiftung, http://www.bertelsmann-stiftung.de/cps/rde/xbcr/SID-6DB05731-93635885/bst/BRI_Artikel_formatiert_080722.pdf, S. 39, abgerufen am 25.8.2009*

[47] *Ebda, S. 21ff.*

Einwanderungsländer zu lernen sei. Daraus geht hervor, dass es nicht reicht, auf spektakuläre Erscheinungsformen wie rassistische Äußerungen oder rechtsextreme Cliquenbildung zu reagieren. „Deshalb besteht ein Kernauftrag der allgemeinbildenden Institutionen darin, alle Kinder und Jugendlichen zu befähigen, sich mit gesellschaftspolitischen Veränderungsdynamiken und Konflikten in der Einwanderungsgesellschaft, mit Formen und Folgen von Diskriminierung sowie mit Ideologien, Vorurteilen und Feindbildern auseinander zu setzen“[48], kurz, ganz allgemein den Umgang mit dem Fremden, Anderen zu lehren. Dass dies in deutschen Schulen zu wenig geschieht, unterstreicht das Beispiel, das eine Teilnehmerin an der Arena-Analyse nennt. Sie zitiert eine Studie des Berliner Innenministeriums aus dem Jahr 2007, wonach mehr als ein Viertel der Muslime unter 25 Jahren meint, jüdische Menschen seien überheblich und geldgierig; ein deutlich höherer Prozentsatz als in nichtmuslimischen Vergleichsgruppen. Demnach finden sich die radikalsten Positionen bei den bildungsfernen Muslimen, die über geringe Chancen in der Gesellschaft verfügen.

„Österreich“, analysiert ein befragter Ökonom, „wird durch die eine Million Ausländer erster und zweiter Generation unbestritten bereichert. Dennoch nutzen wir ihr kulturelles und intellektuelles Potenzial sowie ihre Qualifikationen nicht, und es ist nicht gelungen, sie in unsere Gesellschaft zu integrieren.“ Ein in der politischen Arbeit tätiger Teilnehmer präzisiert dies: „Bis zum Jahr 2030 werden 40 Prozent der ins Berufsleben Eintretenden Kinder von Zuwanderern sein. Diese müssten aber wettbewerbsfähiger gemacht werden. Ansonsten drohen innere Unruhen und die Verfestigung eines neuen Sub-Proletariats.“ Ursache für den schlechten Übergang ins Berufsleben von Jugendlichen mit

---

[48] *Strategien gegen Rechtsextremismus - Policy Paper Bildung. http://www.bertelsmann-stiftung.de/cps/rde/xbcr/SID-4D962CA5-AE6729E2/bst/Policy_Paper__Bildung_Web.pdf, S.1, abgerufen am 27.8.2009.*

Migrationshintergrund sei vor allem eine schlechte (Aus)Bildung, häufig nur ein Hauptschulabschluss, bei dem dann noch die Noten wegen Sprachproblemen niedriger als im Schnitt ausfallen. „Auch das Aspirationsniveau der Eltern in Bildungsfragen spielt eine entscheidende Rolle. So sind die Eltern oft schlecht qualifiziert und legen selbst keinen besonderen Wert auf gute schulische Leistungen“, erklärt der Befragte. Er fordert daher eine Initiative „Aufstieg durch Bildung“, die folgende Elemente enthalten solle: bei den Eltern den Wert von Bildung besser verankern, in der Schule den Spracherwerb stärker fördern, in der Ausbildung neue Berufsbilder anbieten und von Seiten der Wirtschaft mehr Ausbildungsplätze in Zukunftsbereichen.

Eine solche Problembehebung, so meint ein anderer Befragter pessimistisch, setze aber nachhaltiges Denken in der Politik voraus – eine Vision darüber, wo Österreich in zehn bis 15 Jahren stehen solle. Und davon fehle leider jede Spur.

Neues Wirtschaften: Was soll die Ökonomie eigentlich leisten?

Nicht nur in der Politik wünschen sich viele der Befragten mehr Nachhaltigkeit, sondern auch in einer neuen Art des Wirtschaftens. Einen konkreten Kritikpunkt an der alten Art bringt einer der befragten Ökonomen vor, wenn er sagt, dass im Zuge der Krise eine ganze Reihe von Industrien und Dienstleistungen gefördert werde, die die Klimazerstörung vorantreiben, etwa die Fluglinien und die Autokonzerne. Dabei wurden nach Angaben des Chefs von Ford Deutschland in der Autoindustrie schon vor dem Krach im Finanzsystem gewaltige Überkapazitäten aufgebaut: Anfang 2009 schätzte dieser, es gebe 20 Millionen „Einheiten Produktionskapazität“ zu viel, und diese Ziffer werde noch steigen.[49] Konkret: Es stünden bald etwa 27 Millionen Autos

---

[49] *Goffart, Daniel und Carsten Herz: „Ford-Chef: 27 Millionen Autos zuviel auf dem Markt“. Handelsblatt, 23.1.2009,*

herum, die keinen Käufer finden. Längst werden manche Güter nicht mehr produziert, weil sie nachgefragt werden, sondern weil Menschen ihre Arbeitsplätze nicht verlieren sollen. Die mit der Autoindustrie im Prinzip solidarische Gouverneurin des US-Bundesstaats Michigan, Jennifer Granholm, sagte, General Motors sei zu einer Krankenkasse geworden, die nebenher Autos baue.[50] „Die Problematik hier ist die Fristigkeit", sagt der Ökonom weiter: „Wem das Hemd näher ist als der Rock und wer sich relativ kurzfristig vor Massenmedien, Urnen und Aufsichtsräten verantworten muss, wird sein Hemd auf Kosten des Rocks flicken und sich erst nachher kümmern, dass es kalt ist. Dies ist zwar in keiner Weise nachhaltig, macht politisch aber leider Sinn."

Welches der erprobten Wirtschaftsmodelle ist also das Beste (oder am wenigsten Schlechteste)? Wo haben alle bekannten Modelle Defizite? Die Krise, so lautet der Tenor der Arena-Analyse, war ein Schuss vor den Bug, der die Kapitäne auf dem Weltwirtschafts-Tanker aufrütteln sollte.

In einigen Beiträgen geht es zunächst um die Beziehung zwischen den Bürgern bzw. Konsumenten sowie der Wirtschaft. Einer der Befragten denkt grundsätzlich darüber nach, ob nicht der Unterschied zwischen Wohlstand, den uns die Wirtschaft ja bescheren soll, und Lebensqualität ein wichtiges Thema werden wird. Der EU-Kenner verweist auf den Artikel 3 des Lissabon-Vertrages, in dem das europäische Wirtschafts- und Sozialmodell beschrieben wird: „Dort ist neben einer wettbewerbsorientierten Wirtschaft, der sozialen und ökologischen Verantwortung auch die kulturelle Dimension erwähnt." Fragen des qualitativen Wachstums und die Frage „Was lässt uns leben?" könnten enorm an Bedeutung

---

http://www.handelsblatt.com/unternehmen/industrie/ford-chef-27-millionen-autos-zu-viel-auf-dem-markt;2132243;2, abgerufen am 30.8.2009.

[50] Ammann, Beat: „Michigans Mittelstand unter Druck". Neue Zürcher Zeitung, 4. Juni 2009, http://www.nzz.ch/nachrichten/international/michigans_mittelstand_unter_druck_1.2669850.html, abgerufen am 29.8.2009.

gewinnen. Eine befragte Politologin vermutet, dass es zu einem Bewusstseinswandel in Richtung „weniger (Konsum und Verbrauch) ist mehr" und einer „neuen Bescheidenheit" kommen könne.

„Wie konnte diese Krise geschehen? Wer ist seiner Verantwortung nicht nachgekommen? Gibt es ein gemeinsames Grundverständnis in unseren europäischen Gesellschaften, wie wir die nächsten zehn oder 20 Jahre in Europa gestalten wollen?", fragt sich ein Berater in seinem Beitrag. Ab 1930 habe sich der New Deal der US-Demokraten als prägende Philosophie unserer westlichen Gesellschaften herausgebildet; erst Anfang der 80er-Jahre hätten Reaganomics und Thatcherismus dieses gesellschaftliche Paradigma gebrochen. Fast 30 Jahre lang hätten ordnungspolitische Ansätze die westlichen Gesellschaften dominiert. „Wenn der Tiefpunkt der Krise durchschritten ist, werden unsere Gesellschaften nach einem neuen Paradigma suchen. Dies wird der Beginn eines neuen Metadiskurses sein."

Welche ideologischen Versatzstücke sich durchsetzen würden, sei heute offen. Der Berater entwirft drei Szenarien.

- Dem ersten zufolge gelingt es, einen nachhaltigen Verantwortungsdiskurs zu etablieren. Stakeholder-Orientierung wird in den Unternehmen genauso wichtig wie die Orientierung an den Shareholdern. Politisch werden Regulierung und Selbstverpflichtung in ein neues Gleichgewicht gebracht und als zwei notwendige Bestandteile einer modernen Gesellschafts- und Wirtschaftsordnung verstanden. Wer verantwortlich agiert, nimmt dann seine Selbstverpflichtung auch ernst.
- Im zweiten Szenario setzt sich die Erkenntnis durch, dass ohne Staat kein Vertrauen in die Wirtschaft herrscht: Der Bankensektor und andere Krisenbranchen kommen ohne dauerhafte Interventionen und Regulierungen nicht aus. Damit einher geht ein staatsfixiertes

Gesellschaftsverständnis, bei dem Politik dauerhaft zum Korrektiv gesellschaftlicher und ökonomischer Prozesse wird.

- Die dritte Möglichkeit besteht darin, dass sich die ordnungspolitische Sicht der letzten 30 Jahre halten kann. „Dies wird um den Preis breiten Vertrauensverlusts in alle Institutionen geschehen und zwangsläufig eine konflikthaftere Entwicklung unserer Gesellschaft und Politik zur Folge haben", warnt der befragte Berater. Damit sieht er auch die Atomisierung politischer Artikulation einhergehen, wie z.B. in Form der Piratenpartei. Dies führe (bezogen auf Deutschland) zur Großen Koalition als Dauerphänomen.

Vom „Ende der Modelle" ist in einem anderen Beitrag die Rede. „Der Markt erklärt nicht mehr, was passiert, aber etwas Besseres kennen wir derzeit noch nicht." Die Gesellschaft stehe einem „Komplexitätsoverload" gegenüber: Dies könne entweder dazu führen, dass Konfusion und Unsicherheit wachsen oder Themen bzw. Probleme noch weiter personalisiert werden.

„Die Soziale Marktwirtschaft, erweitert um die Komponente der Ökologie, hat sich gerade angesichts der Krise bewährt. Europa sollte daher nach außen geschlossener und mutiger auftreten, und die Vorteile unseres ´kontinentaleuropäischen´ Systems aktiv vermitteln", argumentiert ein weiterer Teilnehmer. „Gegenwärtig erleben wir die Konkurrenz dreier Wirtschaftssysteme: Neben der ´Marktwirtschaft ohne Vorzeichen´ wie in den USA und der sozialen Marktwirtschaft, oft auch als ´verantwortete Marktwirtschaft´ bezeichnet, finden sich in vielen Staaten – etwa in China – Formen einer ´autoritären Marktwirtschaft´. Um die Herausforderungen unserer Zeit zu lösen, wird es aber unumgänglich sein, dass die gesamte Gesellschaft für sich selbst Verantwortung trägt." Im Falle der Wirtschaft, so der Teilnehmer der Analyse, seien das Maßnahmen in Corporate Social Responsibility (CSR).

Ein befragter Wirtschaftswissenschaftler wiederum fordert nicht nur eine Neuformulierung des Verhältnisses zwischen Staat und Wirtschaft ein, was nach der Krise ja offensichtlich sei. Aber „was viel zu wenig thematisiert wird, ist die neu zu ziehende Grenze zwischen rechtlich definierter Corporate Governance und ethischen Ansprüchen an die einzelnen Entscheidungsträger". So könnten Unternehmen ihre Erträge natürlich in Geldanlagen investieren, deren Wertsteigerung wesentlich darauf beruht, dass Menschen in Entwicklungsländern ausgebeutet werden: „Das ist völlig legal. Ich bezweifle aber, ob es ethisch richtig ist."

In die gleiche Richtung argumentiert ein weiterer Teilnehmer an der Analyse: „Die Spielregeln für die Märkte zu bestimmen kann und soll nicht ausschließlich Aufgabe der Politik sein. Vielmehr muss es im gesellschaftlichen Dialog einen vernünftigen Mix aus Selbstregulierung und politischer Rahmensetzung geben. Es muss darum gehen, die Wettbewerbsinteressen der Unternehmer wieder stärker für die Gemeinwohlinteressen nutzbar zu machen." Unabdingbar sei mehr Vertrauen, das aber nicht von einem Akteur allein geschaffen werden könne: „Sowohl die Wirtschaft als auch die öffentliche Hand müssen in dieses wichtigste Gut des menschlichen Zusammenlebens gemeinsam investieren." Die Krise habe sowohl die globale Abhängigkeit der Länder untereinander als auch die enge Vernetzung zwischen wirtschaftlichen und gesellschaftlichen Entwicklungen aufgezeigt. Daher werde die Suche nach neuen Instrumenten der Zusammenarbeit zwischen Wirtschaft, Politik und Zivilgesellschaft an Bedeutung gewinnen. „Es geht aktuell nicht nur darum, die rein finanzwirtschaftlichen Rahmenbedingungen neu zu gestalten, sondern es besteht die Chance, auch die anderen beiden Säulen der Nachhaltigkeit (Soziales und Umwelt) in die aktuelle wirtschaftspolitische Diskussion mit einzubeziehen. Denn die Erkenntnis, dass soziale und ökologische Belange keinen Gegensatz zur Wirtschaft darstellen (vielmehr liegt hier neues Potenzial für die Wirtschaft) muss nun in konkreten Instrumenten und politischen Diskussionen ausbuchstabiert werden", fordert der Befragte.

Der Publizist Thomas Friedman, der mit „Die Welt ist flach“[51] eines der bekanntesten Bücher über die Globalisierung vorgelegt hat, veranschaulichte diese Zusammenhänge in einer seiner Kolumnen. Auf einer Safari im Okavango-Delta in Botswana gibt ein erfahrener Guide Friedman Beispiele für das komplexe Zusammenspiel zwischen Fauna, Flora und Klima, kurz: das Gleichgewicht, in dem sich die Natur befindet. Friedman schließt daraus: „Wir versuchen, mit einer ganzen Reihe von ineinander verschränkten Problemen fertig zu werden – Klimawandel, Energie, Verlust an Biodiversität, Armutsbekämpfung und der Notwendigkeit, genug Lebensmittel für die Menschheit zu produzieren – , und zwar mit jedem Problem für sich. Die Armutsbekämpfer ärgern sich über die Klimaschutz-Leute, die Klimaschützer halten Gipfeltreffen ab, ohne über Biodiversität zu reden, die Förderer der Lebensmittelproduktion wehren sich gegen die Verfechter der Biodiversität. Dabei müssen sie alle gemeinsam auf Safari gehen ... Wir müssen sicherstellen, dass unsere Lösungen so integriert sind wie die Natur selbst. Derzeit sind sie es nicht.“[52]

Es gibt natürlich Wissenschaftler, die darüber nachdenken, wie das neue Wirtschaften aussehen könnte, die dabei auf solche Zusammenhänge setzen und innovative Ansätze verfolgen – wobei es vielleicht trotzdem kein Modell gibt, das ohne Schwachpunkte ist.

Hunter Lovins vom Institut „Natural Capitalism Solutions“ im US-Bundesstaat Colorado berät Umweltministerien genauso wie Autokonzerne auf der Suche nach Lösungen, die weniger Energie- und Materialeinsatz erfordern. Sie kritisiert, dass die Preise von Waren die

---

[51] *Friedman, Thomas: Die Welt ist flach. Frankfurt 2006.*

[52] *Friedman, Thomas L.: „Connecting Nature´s Dots.“ http://www.nytimes.com/2009/08/23/opinion/23friedman.html, abgerufen am 26.8.2009.*

tatsächlichen Produktionskosten nicht widerspiegeln: zum Beispiel die Kosten von Asthma, das aufgrund von Luftverschmutzung (durch den Einsatz fossiler Brennstoffe) verursacht wird, oder die Kosten für den Transport von Lebensmitteln.[53] Freilich ist die Frage zu stellen, was Armutsbekämpfer zu Lovins Lösungen sagen: Viele von ihnen setzen gerade auf Lebensmittelexporte als Wachstumschance für die Entwicklungsländer.

Als positives Beispiel nennt Lovin die Anleihe, die die kalifornische Gemeinde Berkeley herausgibt: Aus deren Erlösen können Hausbesitzer Kredite bekommen, um ihre Häuser besser zu dämmen oder mit der nötigen Technik zur Erzeugung von Öko-Strom auszustatten. Wer das tut, fördert die lokale Wirtschaft, braucht weniger Energie und spart dadurch Geld. Den Kredit zahlen die Schuldner mit einer vorübergehend höheren Grundsteuer ab. Ist der Kredit getilgt, sinkt die Grundsteuer wieder – und die Leute können die niedrigeren Energiekosten als Gewinn behalten.

Den Schwerpunkt auf Ressourcenverbrauch legt auch die britische Denkfabrik „The New Economics Foundation". Sie versucht, messbare und vergleichbare Kriterien für gutes, erfülltes und nicht zuletzt langes Leben zu finden, das außerdem nachhaltig ist, d.h. den Planeten möglichst wenig kostet.[54] Hohe Lebenserwartung, persönliche Zufriedenheit und ein maßvoller ökologischer Fußabdruck sind in diesem öko-politischen Konzept für die glückliche Weltgesellschaft die entscheidenden drei Kriterien einer optimalen Balance. Der anhand von Daten der UNO aus 143 Ländern erstellte „Happy-Planet-Index" (HPI) krempelt die klassische Wertvorstellung, dass ökonomisches Wachstum

---

[53] *„Die grüne Rettung", Zeit Online, 21.11.2008, http://www.zeit.de/online/2008/48/hunter-lovins-gruene-wende, abgerufen am 29.8.2009.*

[54] *Perger, Werner A.: „Wo die glücklichen Menschen leben", Zeit Online, 9.7.2009, http://images.zeit.de/text/online/2009/28/Happy-Planet-Index, abgerufen am 29.8.2009.*

und damit Wohlstand das Allerwichtigste sei, ziemlich um. Auf Platz eins der HPI-Liste – quasi als glücklichstes Land der Welt, mit zufriedenem Volk, hoher Lebenserwartung und relativ geringem ökologischem Fußabdruck – rangiert mit 76,1 von 100 möglichen Punkten Costa Rica; es folgen neun weitere lateinamerikanische Länder, darunter Brasilien. In Costa Rica, das zwar eine gut gerüstete Polizei, aber keine Armee hat und sehr auf Öko-Tourismus setzt, wurde die höchste soziale Zufriedenheit der Bürger gemessen. Die Lebenserwartung ist nach Kanada die zweithöchste auf dem amerikanischen Kontinent. Wohlstand, Konsumglück und längere Lebenszeit kann man sich natürlich auch auf Kosten der Umwelt und um den Preis des Klimawandels erkaufen (siehe USA), doch unter bestimmten Voraussetzungen funktioniert es, was den Verbrauch des Planeten angeht, laut dem HDI offenbar auch billiger. Entscheidend scheinen folgende Voraussetzungen zu sein: Schonender, nachhaltiger Umgang mit den Ressourcen, aber auch eine Veränderung von sozialen Prioritäten, eine verstärkte Aufklärung der Öffentlichkeit über die ökologischen Zusammenhänge. Ein Einwand, der sich aufdrängt, ist jedoch, ob hier soziale Kriterien im Vergleich mit den ökologischen nicht zu gering gewichtet werden. Viele Moldawier empfinden es wohl als Hohn, dass ihr Land als bestplatzierter der europäischen Staaten auf Platz 41 liegt. Deutschland belegt Rang 60, die Schweiz Rang 61 und Österreich findet sich auf Platz 66 – alle hinter Haiti auf Platz 51. Zu denken gibt auch, dass Millionen Lateinamerikaner doch nicht glücklich genug sind um nicht in die USA auswandern zu wollen, die erst auf Platz 123 liegen.

Das ohnehin nicht abwendbare Ende des bisherigen Wirtschaftsmodells prognostiziert der deutsche Volkswirt Niko Paech, und zwar aufgrund der beschränkten Vorkommen an Rohstoffen. Der Ressourcenhunger von Aufsteiger-Nationen wie Indien und China treibe die Preise der Rohstoffe nach oben; die (zur OECD gehörende) Internationale Energieagentur habe im Herbst 2008 erstmals prognostiziert, dass der Preis für ein Barrel Rohöl bald über 200 Dollar liegen werde. „Ein so hoher Ölpreis bedeutet, dass nicht nur Benzin und Kerosin, sondern auch alle anderen Produkte so teuer werden, dass es der Wirtschaft schwerfallen wird, noch zu wachsen."[55] Ab dann sieht er eine Post-Wachstums-Ökonomie auf uns zukommen: „Wir werden anfangen, unser Leben zu entrümpeln und zu entschleunigen. Wir werden auf Fernreisen verzichten und wieder mehr Produkte aus der Region kaufen, weil die nicht so hohe Transportkosten verursachen. Wir werden Produkte länger nutzen, sie reparieren und pflegen und sie lieber gebraucht kaufen als neu. Wir werden Knöpfe selber annähen und Fahrräder eigenhändig reparieren." Paech kann dem durchaus Positives abgewinnen: „Wenn man eine solche Erfahrung allein macht und unter Zwang, so wie es Hartz-IV-Empfängern geht, dann ist sie entwürdigend. Wenn es jedoch allen so ergeht, dann kann man diese Form der Bescheidenheit auch als Befreiung empfinden."

Deutlich radikalere – auch im etymologischen Sinne von „an der Wurzel ansetzende" – Ideen, wie eine Wirtschaft ohne Wachstum aussehen könnte, entwickelte der Schweizer Wirtschaftswissenschaftler Hans-Christoph Binswanger. Ein Artikel, der seine Vorschläge präsentiert, holt jedoch weiter aus, um zunächst einmal zu klären, warum Wachstum im Kapitalismus überhaupt unbedingt notwendig ist:[56] Ohne Wachstum keine neuen Arbeitsplätze, die, wenn sie fehlen, durch eine kürzere Arbeitszeit oder ein Grundeinkommen ersetzt werden müssten. Zwar gibt es die theoretischen Konzepte für eine kürzere Arbeitswoche oder ein Grundeinkommen, doch wer soll das bezahlen? „Wenn die Wirtschaft nicht mehr wächst, ... kein neues Geld in die Staatskassen gelangt, dann hat eine Regierung nur eine Möglichkeit, das Grundeinkommen ... zu finanzieren: Sie muss wohlhabenden Leuten Geld wegnehmen. Das führt

---

[55] *„Die neue Bescheidenheit", Die Zeit, 20.5.2009, http://images.zeit.de/text/2009/22/DOS-Wachstum-Interview, abgerufen am 29.8.2009.*

[56] *Uchatius, Wolfgang: „Wir könnten auch anders", Die Zeit, 20.5.2009, http://www.zeit.de/2009/22/DOS-Wachstum, abgerufen am 29.8.2009.*

zu Spannungen. Kräftiges Wirtschaftswachstum dagegen macht Umverteilung unnötig und verhindert politischen Ärger – im Unterschied zu Umweltschutz, Menschenrechten oder Pressefreiheit. Das ist der Grund, weshalb steigende Unternehmensumsätze das einzige politische Ziel sind, auf das sich weltweit alle Regierungschefs verständigen können." Der Autor des Artikels, Wolfgang Uchatius, vergleicht den Kapitalismus mit einem Flugzeug: „Solange die Triebwerke ordentlich Schub erzeugen, liegt es stabil in der Luft, und die Passagiere merken gar nicht, dass sie 10.000 Meter von der Erde entfernt sind. Sie können Filme anschauen, Sekt trinken, sich wohlfühlen. Bleibt das Flugzeug jedoch stehen, dann stürzt es ab. Deshalb müssen die Piloten Gas geben, immer weiter Gas geben. Deshalb muss die Wirtschaft wachsen. Auch wenn die Natur schrumpft."

Modelle (wie die weiter oben vorgestellten), die „nachhaltiges Wachstum" versprechen und den Konflikt zwischen Ökonomie und Ökologie wegargumentieren, ändern demnach vielleicht etwas an der Geschwindigkeit des Raubbaus am Planeten, aber nichts am grundsätzlichen Problem. Es müsse daher ein Kapitalismus geschaffen werden, „der nicht einem Flugzeug gleicht, sondern einem Hubschrauber: „Der kann in der Luft stehen bleiben, ohne abzustürzen".

Noch wisse aber niemand, wie eine solche Post-Wachstums-Ökonomie aussehen könnte; vorerst müsse man nach Einzelteilen suchen, nach Schrauben, Achsen, Rotorblättern, aus denen vielleicht einmal ein Hubschrauber entsteht. Hier kommen die Ideen Binswangers ins Spiel, des geistigen Vaters der Öko-Steuer und einer der renommiertesten nichtmarxistischen Wachstumskritikers.[57] Als einen Schritt, den Wachstumszwang zu mildern, schlägt der Schweizer Ökonom vor, Aktiengesellschaften in Stiftungen zu verwandeln. Große Konzerne wären dann

[57] *Im September 2009 erschien Binswangers jüngstes Buch „Vorwärts zur Mäßigung" (Hamburg 2009).*

immer noch in privater Hand, stünden aber nicht unter dem Druck der Kapitalgeber, ständig zu expandieren und eine bestimmte Rendite zu erzielen (so wie Binswangers Dissertant Josef Ackermann als Chef der Deutschen Bank das Ziel einer Rendite von 25 Prozent ausgegeben hat, um mit anderen Banken mitzuhalten).

Der zweite Schritt Binswangers läuft auf eine Verstaatlichung des Buchgeldes hinaus. Banknoten, deren Menge ja von den Zentralbanken kontrolliert wird, machen heute nur mehr sieben Prozent der Geldmenge aus. Das Buchgeld wächst unkontrolliert: Je mehr Kredite die Banken vergeben, desto mehr gibt es davon. Und je mehr (Buch)Geld es gibt, umso stärker muss, so Binswanger, die Wirtschaft wachsen. Nach diesem Ansatz erhielte die Zentralbank auch die Kontrolle über das Buchgeld. Die Banken würden die Girokonten nur noch verwalten, ähnlich wie heute die Wertpapierdepots, und könnten nicht mehr unbegrenzt Kredite vergeben. So könnte die Zentralbank nach Ansicht des Ökonomen das Wirtschaftswachstum verringern, ohne das gleich das System zusammenbricht.

Solcherlei Änderungen im Wirtschaftssystem müssten in Demokratien – trotz der Diskussion darüber, ob die Politik das Primat an die Wirtschaft verloren hat – immer noch von dazu legitimierten politischen Instanzen eingeleitet werden. So gehört es also mit zu den Aufgaben der Regierenden, den Bürgern (besonders vor Wahlen) solche Fragestellungen näherzubringen und laufende Entwicklungen wie eben die Globalisierung zu erklären.

Der ängstliche Umgang der Politiker mit der Globalisierung

Wie gehen also die Regierenden damit um, dass der offenere Wettbewerb Neuerungen verlangt? Sie verhalten sich ziemlich defensiv, stellten die Befragten der Arena-Analyse fest.

„Der Wandel im weltweiten Umfeld und besonders in der österreichischen Lage in der Mitte eines dynamischen Wirtschaftsraumes – aber gleichzeitig an der Kante zu Ländern mit niedrigeren Löhnen, Sozialleistungen und Umweltstandard – erfordert tief greifende Veränderungen. In der Regel sind diese nicht unerfreulich. Zu diesen Veränderungen ist die Bevölkerung aber nur bereit, wenn sie dabei unterstützt und dazu befähigt wird", sagt ein Wirtschaftsforscher und lässt durchklingen, dass hier Handlungsbedarf besteht. In seine Kritik bezieht er auch die Medien mit ein: „Veränderungen werden akzeptiert, wenn die Lasten fair verteilt sind, und wenn am Ende bessere individuelle und gesellschaftliche Lebensbedingungen erwartet werden können, nicht wenn Veränderungen als notwendiges Übel dargestellt werden, wie es in den Medien aufgrund der Tatsache ´Bad news is good news` in der Regel der Fall ist."

Über die Effekte, die erhöhte Konkurrenz auf die Politik ausübt, schreibt der deutsche Ökonom Viktor Vanberg: „Es ist der Wettbewerb, der unter Bedingungen wirtschaftlicher Handlungs- und Vertragsfreiheit in Gang kommt, der einerseits die produktive Dynamik entfaltet, der die Marktwirtschaft ihre Attraktivität verdankt, der aber andererseits auch mit Anforderungen und Unsicherheiten einhergeht, die Menschen als belastend empfinden. Dass diese ungeliebte Seite des Wettbewerbs von seiner geschätzten produktiven Seite nicht zu trennen ist, hindert freilich Menschen nicht daran, sich eine Welt zu wünschen, in der sie die Früchte der Marktwirtschaft ohne die Anforderungen des Wettbewerbs genießen können. Um Wählerstimmen werbende Politiker sind immer in Versuchung, solche Illusionen zu nähren. Der politische Prozess eröffnet einzelnen Gruppen die Möglichkeit, für sich das Privileg der Verschonung von Wettbewerbsdruck oder seinen Folgen zu erstreiten."[58] Kurz:

---

[58] *Vanberg, Viktor: „Global robust, lokal verwundbar". Frankfurter Allgemeine Zeitung, 20.7.2009, http://www.faz.net*

Menschen wollen, wenn möglich, kapitalistischen Wohlstand unter sozialistischen Bedingungen genießen.

Für die Regierenden ist es also verlockend, entweder protektionistische Maßnahmen zu setzen oder andere Lösungen zu versprechen, die vor Veränderung, Neuem und Fremdem schützen. Daher die Besorgnis einiger Befragter: „Es ist nicht auszuschließen, dass sozialistische oder andere populistische/extremistische Parteien einen zweiten Frühling erleben. Je größer die gesellschaftliche Spaltung und Unzufriedenheit werden, desto eher haben sie Chancen, mit einfachen Parolen und einer ´Robin-Hood-Strategie´ Wähler zu mobilisieren“, analysiert eine Politologin. Ein Wissenschaftler konstatiert, der wachsende Populismus in den parteipolitischen Entscheidungsprozessen führe zu einer steten Verschlechterung der Sachqualität politischer Entscheidungen. „Über all das wird viel geschrieben, aber eigentlich ist völlig unklar, welche langfristigen Effekte durch diese Tendenzen hin zum Populismus entstehen und wann sich die dahinter stehenden Sachprobleme auflösen werden.“

„Warum sinkt die traditionelle Parteienbindung, warum sind Populisten im Aufwind?“, fragt ein Berater. „Weil die Wähler diejenigen Politiker unterstützen, von denen sie sich die höchst mögliche Verbesserung ihrer individuellen Situation versprechen.“

Hier wird also nicht nur Kritik an mangelnder Führungsstärke oder Vermittlungsfähigkeit der Politiker geübt, sondern auch an der fehlenden Solidarität mit anderen Menschen (die im Zeitalter der Globalisierung eben nicht mehr nebenan leben, sondern vielleicht in Indien).

Noch einmal zurück zum Viktor Vanberg: „Je mehr Gruppen bei solcher Privilegiensuche“, also der Suche nach Schutz vor dem Wettbewerb, „erfolgreich sind, desto mehr wird die produktive Kraft der Marktwirtschaft geschwächt. Auch demokratische Gesellschaften sind aus diesem Grunde in Gefahr, die institutionellen Grundlagen einer Wirtschaftsordnung zu zerstören, der sie ihren Wohlstand verdanken, ohne dass den

Menschen unbedingt klar würde, wo die Ursachen für diesen Erosionsprozess liegen," warnt der Ökonom.

Ziemlich unverblümt drückt sich der in Singapur lehrende Politologe Kishore Mahbubani aus: „Der Westen ... muss wieder wettbewerbsfähiger werden. Also müssen Sie ihren Arbeitern sagen, sie müssen besser werden. Und wenn die Japaner gute Autos bauen, dann müssen Sie bessere bauen. Es war doch ein Europäer, Joseph Schumpeter, der das Konzept der kreativen Zerstörung in Worte gefasst hat. Nun wenden es die Asiaten an, und da soll es auf einmal nicht gelten?"[59]

Im Zusammenhang mit den Befürchtungen von Arbeitern in den Industrieländern, die Globalisierung werde sie ihre Jobs kosten, verweist Jagdish Bhagwati, der bereits zitierte Verteidiger der Globalisierung, auf ein russisches Sprichwort: „Die Angst hat große Augen. Aber sie hat auch taube Ohren." Seiner Meinung nach befürchten Arbeiterschaft und Gewerkschaften zu Unrecht, dass Löhne und arbeitsrechtliche Standards durch den Handel mit ärmeren Ländern gefährdet seien. Dennoch stellt er klar fest: „Der Übergang zu freierem Handel und das Arbeiten mit einer offenen Volkswirtschaft bedürfen der politischen und institutionellen Unterstützung."[60] Dass die Globalisierung in Schwellen- und Entwicklungsländern oft negative Auswirkungen hat, liegt nicht zuletzt daran, dass deren Regierungen nicht willens oder fähig sind, den Bürgern diese Unterstützung zu geben.

---

[59] *„Asiaten leisten mehr". Die Zeit, 9.7.2009, http://www.zeit.de/2009/29/Mahbubani-Interview, abgerufen am 30.8.2009.*

[60] *Bhagwati, Verteidigung der Globalisierung, S. 424.*

Neuer Protektionismus

Einige für die Arena-Analyse Befragten weisen darauf hin, dass die Wirtschafts- und Finanzkrise eine Welle an wettbewerbsfeindlichen Maßnahmen bewirkt hat. „Die Folgen der zahlreichen Anschläge auf unser marktwirtschaftliches System im Windschatten der derzeitigen Krise – staatliche Unterstützung von Industrie- und Handelsfirmen, Subventionen für abgewrackte Autos, gesetzliche Garantie gegen zukünftige Rentenabsenkungen – werden unserem Land noch schwer zu schaffen machen“, ist ein Ex-Manager und Berater überzeugt.

Freilich haben nationale Interessen nicht erst seit der Krise Vorrang vor supra- oder internationalen Regeln. Das schon 1960 in Deutschland beschlossene „VW-Gesetz“ etwa besagte, dass kein Aktionär mehr als 20 Prozent der Stimmrechte ausüben kann, auch wenn er mehr Anteile besitzt, und verstieß bzw. verstößt trotz Änderungen damit vielleicht noch immer gegen EU-Recht.[61]

Die Finanzkrise hat bestehende Renationalisierungsreflexe auf alle Fälle verstärkt. So scheiterte im Herbst 2008 ein Vorstoß der französischen Ratspräsidentschaft, einen Stabilisierungsfonds auf EU-Ebene aufzulegen genauso wie eine Initiative, die wirtschaftspolitische Koordinierung zu stärken, indem die Eurogruppe (bestehend aus den Finanzministern der Euro-Zone) aufgewertet wird. Nicht nur keinen Fortschritt in puncto wirtschaftlicher Integration, sondern einen Rückschritt setzte die EU-Kommission, indem sie Ausschreibungsregeln für Infrastrukturprojekte kurzfristig außer Kraft setzte.[62] Mit solchen Ausnahmegenehmigungen, mit denen die Kommission das Wettbewerbsrecht

---

[61] *Siehe Frasch, Jutta: Gefahr für den Binnenmarkt. SWP-Aktuell 25, Mai 2009, S. 2, http://www.swp-berlin.org/common/get_document.php?asset_id=5980, abgerufen am 30.8.2009.*

[62] *Ebda., S.4.*

umgeht, schafft sie Präzedenzfälle, auf die man jederzeit zurückgreifen kann. „Populistische und offen protektionistische Lösungen, wie die Forderung Präsident Sarkozys, dass französische Autobauer nur bei französischen Zulieferern Teile beziehen sollten, sind zwar völlig lebensfremd, verstärken aber den von der öffentlichen Meinung ausgehenden Druck, noch entschiedener in Richtung Protektionismus zu gehen."[63] Dies, obwohl Spitzenpolitiker quer durch die EU beteuern, aus Erfahrung zu wissen, dass Nationalismus und Protektionismus globale Rezessionen nicht überwinden, sondern verlängern.

„Hat die Globalisierung ihren Höhepunkt überschritten?", fragten die Ökonomen Rawi Abdelal und Adam Segal Anfang 2007 im Titel eines Essays in der Zeitschrift „Foreign Affairs".[64] „Ja", bekräftigen sie ihre damalige These eineinhalb Jahre später: Der weltweite Handel werde 2009 um geschätzte 2,1 Prozent fallen, und die Privatinvestitionen in Entwicklungsländern seien (mit Stand Juli 2009) im Vergleich zu 2007 um mehr als 80 Prozent zurückgegangen.[65] Sie merken an, Brasilien habe die Zölle auf Industriegüter angehoben, die EU habe chinesische Bolzen verboten sowie Subventionen für Milchprodukte wieder eingeführt und Indien erwäge Zölle auf Stahlimporte. „Die Krise hat die politische Legitimität für den freien Verkehr von Kapital, Waren und Dienstleistungen weiter ausgehöhlt", stellen die Autoren fest.[66]

---

[63] *Ebda., S.5.*

[64] *Abdelal, Rawi und Adam Segal: „Has Globalization Passed Its Peak?" Foreign Affairs, Januar/Februar 2007, http://www.foreignaffairs.com/articles/62273/rawi-abdelal-and-adam-segal/has-globalization-passed-its-peak, abgerufen am 30.8.2009.*

[65] *Abdelal, Rawi und Adam Segal: „Yes, Globalization Passed Its Peak", Foreign Affairs, Juli/August 2009, http://www.foreignaffairs.com/articles/64856/rawi-abdelal-and-adam-segal/yes-globalization-passed-its-peak, abgerufen am 30.8.2009.*

[66] *Ebda.*

Ertrinken wir in der Flut des Wissens?

Wissen ist (wirtschaftliche) Macht. Wir, die Bewohner der ´ersten Welt´, leben in einer Wissensgesellschaft – relativ einfach zu produzierende Güter wie zum Beispiel unsere Kleidung werden kaum noch in Europa hergestellt. Unser Geld verdienen wir mit dem Erbringen von Leistungen, die viele Kenntnisse voraussetzen und komplexer sind.

Sich zu informieren, dazuzulernen und mehr zu wissen, ist also gut. Dieser Forscherdrang hat die Wissenschaft in Bereiche vordringen lassen, in denen sie die Welt auf der Ebene von Atomen, Bits und Genen neu zusammensetzen kann: Damit ist alles gestaltbar geworden – nicht nur Produkte, auch die Umwelt einschließlich des Menschen selbst. „Es ist das Zeitalter des totalen Designs, in welchem die Menschheit es in der Hand hat, den Begriff Natur neu zu definieren. Schöpfung wird damit zu einer Gestaltungsaufgabe."[67] Die Grenzen zwischen natürlich und künstlich lösen sich auf, und „eher ungemütlich werden die Aussichten, wo die Macht zur Schöpfung allzu menschliche Phantasien weckt – etwa Zuchtwünsche, die Neuschichtung der Gesellschaft ... Was bisher im Reich der Science-Fiction blieb, rückt immer näher an die Schwelle der Realisierbarkeit und lässt die große Verantwortung erahnen, vor der die Gestalter der neuen Welt schon in naher Zukunft stehen werden."[68]

Wer entscheidet, wie das neue Wissen eingesetzt wird? Und welches Wissen, welche Informationen sind für wen unabdingbar? Denn nicht jeder kann alles wissen, die Zeit der letzten Universalgelehrten liegt schon einige Jahrhunderte zurück. Heute kommt es darauf an, einen

---

[67] *Bolz, Nobert, David Bosshart, Gerd Folkers, Peter Wippermann und Stefan Kaiser: BANG. Wie die Konvergenz der Spitzentechnologien den Menschen zum allmächtigen Schöpfer macht. Gottlieb Duttweiler Institut, GDI- Studie 27, Zürich, 2007, S.4.*

[68] *Ebda., S.5.*

gangbaren Weg zwischen zwei Extremen zu finden: nichts über alles oder alles über nichts zu wissen. Und wenn wir uns informieren wollen: Welcher der immer zahlreicheren Quellen können wir trauen?

Was die Medien (nicht mehr) leisten können

„Die Flut an Informationen, die immer und überall verfügbar sind, stellt enorme Anforderungen an das ´System Mensch`, da wir sie ja auch verarbeiten müssen", analysiert eine Soziologin im Rahmen der Arena-Analyse. Dass so viel Information gleichzeitig verfügbar sei, stelle eine enorme Belastung dar und mache es schwierig, deren Objektivität zu prüfen. „Finden wir uns in diesen Wissensräumen noch zurecht? Wird es eine neue Informationsethik brauchen?", fragt sie.

Mehrere Befragte äußern Kritik an den Massenmedien. „Sie nehmen ihre aufklärerische Rolle nicht genügend wahr. Medien recherchieren zu wenig über Machtzusammenhänge und Interessenskonstellationen", bemängelt eine Politologin, „besonders wenn es darum geht, die Lobbys stärker zu beleuchten. Wer argumentiert im politischen Raum aufgrund welcher Interessen ökonomischer oder politischer Natur?"

Ein Ex-Politiker vermisst mehr Berichterstattung „in der Tiefe" und kritisiert den zunehmenden „Ereignisjournalismus", der auf thematische Substanz keine Rücksicht nehme. Ähnlich die Stellungnahme einer Ökonomin: Man müsse sich fragen, ob es noch „Leitmedien" gebe. „Nischenthemen werden in Nischenmedien diskutiert. Aber wo finden die Diskussionen über die großen Problemlagen statt?" Es bestehe die Gefahr, dass sich, ungeachtet ob relevant oder nicht, prinzipiell das Populäre durchsetzt und die Medien sich einfach an eine „Hitparade der Themen" halten.

Die Diskussion über die Zukunft des Journalismus und der (Print)Medien wird zwar schon seit dem Siegeszug des Internets geführt, hat aber angesichts der jüngsten Tendenzen in den USA an Bedeutung gewonnen. Laut der Website „Newspaper Death Watch"[69] haben innerhalb von zweieinhalb Jahren 12 Zeitungen in US-Großstädten ihr Erscheinen eingestellt (Stand August 2009). Weitere acht Titel erscheinen nicht mehr täglich in Print oder haben gänzlich auf Online umgestellt, darunter ein einstiges Flaggschiff wie der „Christian Science Monitor". Die „American Journalism Review"[70] zitiert die Website „Paper Cuts"[71], der zufolge in den USA 2008 knapp 16.000 Mitarbeiter von Zeitungen ihren Job verloren haben. Schätzungsweise waren die Hälfte davon, also etwa 8000, Redakteure, womit 15 Prozent aller Journalisten ihren Arbeitsplatz verloren hätten. Für 2009 lag der Wert der gekündigten Zeitungs-Mitarbeiter (Stand Anfang September) bei etwa 13.500.

Das Zeitungssterben in Europa muss nicht unbedingt genauso drastisch ausfallen. In der Talsohle zwischen sinkenden Einnahmen aus den Printausgaben und noch keinen nennenswerten Einnahmen aus dem Online-Geschäft haben in den vergangenen Jahren jedoch auch Zeitungen in Deutschland, Österreich und der Schweiz immer wieder Personal abgebaut.

Die Verteidiger der Zeitungen schlagen Alarm: In ihren Augen ist eine lebendige Demokratie untrennbar mit jener Art von Journalismus verbunden, für den qualitätsbewusste Printmedien stehen. Für sie ist die Presse als Kontrollinstanz der Mächtigen, als „vierte Macht" im Staat, unverzichtbar. Klar ist, dass langwierige Recherchen, um komplexe Themen zu erforschen oder Missstände aufzudecken, von kaum einer Zeitung mehr finanziert werden können. Im Internet findet diese Form des Journalismus bisher aber nur in Ansätzen, wenn überhaupt, statt.

---

[69] *www.newspaperdeathwatch.com*

[70] *Hodierne, Robert: „Is There Life After Newspapers?", American Journalism Review, Februar/März 2009, http://www.ajr.org/article.asp?id=4679, abgerufen am 1.9.2009.*

[71] *http://graphicdesignr.net/papercuts/*

Noch ist wenig darüber bekannt, welche demokratiepolitischen Auswirkungen das Verschwinden von Zeitungen oder weniger Recherche genau haben. Zwei in Princeton lehrende Ökonomen untersuchten jedoch, was nach der Einstellung der „Cincinnati Post" geschah. Sie stellten fest, dass in jenen Gebieten, wo die „Post" die meistgelesene Zeitung gewesen war, im Jahr nach ihrer Einstellung die Wahlbeteiligung sank, ebenso wie die Zahl der Kandidaten für den Stadtrat und die Schulgremien.[72] Offenbar begannen die Menschen, sich weniger als Teil des Gemeinwesens zu sehen als dies vorher der Fall gewesen war. Laut einer anderen Studie, die von zwei Wirtschaftswissenschaftern am Massachusetts Institute of Technology erstellt wurde, setzen sich US-Kongressabgeordnete, über die viel berichtet wird, mehr für ihre Wähler ein. Solche Abgeordneten lukrieren auch mehr Gelder aus dem Bundeshaushalt für ihren Wahlkreis, sind in Ausschüssen aktiver und folgen bei Abstimmungen weniger oft der von ihrer Partei vorgegebenen Linie als andere, die weniger mediale Aufmerksamkeit bekommen.[73] Diese ersten Ergebnisse stützen also die Ansicht, dass Zeitungen demokratiepolitisch doch von Bedeutung sind.

Die Suche nach Finanzierungsmodellen für qualitativ hochwertigen Journalismus ist in vollem Gang. Seit 2008 beschäftigt das Non-Profit-Unternehmen ProPublica in New York 32 Journalisten, die ausschließlich an Artikeln arbeiten, deren Veröffentlichung „moralische Kraft" besitzt, wie es auf der Website heißt.[74] ProPublica wird von Stiftungen und durch

---

[72] *Schulhofer-Wohl, Sam und Miguel Garrido: Do Newspapers Matter? Evidence from the Closure of the Cincinnati Post. National Bureau of Economic Research (NBER) Working Paper No. 14817, März 2009, http://www.nber.org/papers/w14817, abgerufen am 1.9.2009.*

[73] *Snyder, James und David Strömberg: Press Coverage and Political Accountability. National Bureau of Economic Research (NBER) Working Paper No. 13878, März 2008, http://www.nber.org/papers/w13878, abgerufen am 1.9.2009.*

[74] *www.propublica.org*

Spenden finanziert und ist, da nicht gewinnorientiert, von Steuern befreit. Die fertigen Artikel werden traditionellen Medien unentgeltlich zur Veröffentlichung angeboten, darunter auch der „New York Times“, die die Reportage einer bei ProPublica arbeitenden Journalistin auch schon auf das Cover ihres Sonntagsmagazins hob.[75] Erst dann erscheinen sie auf der ProPublica Website. „Ein ´One Stop-Shop´ so wie eine Tageszeitung werden wir aber nie sein“, sagt der Chefredakteur von ProPublica.[76]

Offenbar sehen auch Vertreter der neuen Medien Bedarf für „alten“ Journalismus. Die in den USA einflussreiche Website „Huffington Post“ hat einen Fonds für investigativen Journalismus mit 1,75 Millionen Dollar dotiert. Schon 2005 startete www.voiceofsandiego.org, wo elf Redakteure „herkömmlichen“ Journalismus für das Internet betreiben und immer wieder Missstände aufdecken. Die Website erhielt von einem lokalen Unternehmer seitdem insgesamt 1,3 Millionen Dollar. Mittlerweile verfügt sie über ein jährliches Budget von 1,2 Millionen Dollar, zu dem mehr als 800 Spender, einige Unternehmer und auch eine Stiftung beitragen. Sie zählt monatlich 72.000 Besucher.

Journalismus als Objekt der Philantropie hat auch schon den Sprung über den Atlantik geschafft. In Deutschland vergibt das Netzwerk Recherche e.V. aus Spenden finanzierte Stipendien für aufwändige journalistische Arbeit. In Großbritannien haben sich bekannte Reporter zusammengetan und eine Stiftung für investigative Berichterstattung ins Leben gerufen, die nun auf Spenden hofft.

---

[75] *Fink, Sheri: „Strained by Katrina, a Hospital Faced Deadly Choices.“ The New York Times Magazine, 30.8.2009, http://www.nytimes.com/2009/08/30/magazine/30doctors.html?ref=magazine, abgerufen am 7.9.2009.*

[76] *Smolkin, Rachel: „Cities without Newspapers“, American Journalism Review, Juni/Juli 2009, http://www.ajr.org/Article.asp?id=4781, abgerufen am 1.9.2009.*

Der Philosoph Jürgen Habermas, dessen 1962 erschienenes Buch „Strukturwandel der Öffentlichkeit“ bis heute als Referenzwerk gilt, hält den über Massenmedien geführten Austausch von Standpunkten und Argumenten für die Grundlage der öffentlichen Meinung. Dem Internet steht er kritisch gegenüber: „Hier fördert die Entstehung von Millionen von weltweit zerstreuten „chat rooms“ ... eher die Fragmentierung jenes großen, in politischen Öffentlichkeiten jedoch gleichzeitig auf gleiche Fragestellungen zentrierten Massenpublikums. Dieses Publikum zerfällt im virtuellen Raum in eine riesige Anzahl von zersplitterten, durch Spezialinteressen zusammengehaltenen Zufallsgruppen. Auf diese Weise scheinen die bestehenden nationalen Öffentlichkeiten eher unterminiert zu werden.“[77] Habermas bemängelt, das Internet biete kein Mittel dafür an, die dezentralen Botschaften wieder aufzufangen, zu selektieren und in redigierter Form zu synthetisieren (wie dies in den Massenmedien der Fall wäre).

Andere, jüngere Medienwissenschaftler stehen dem Internet positiver gegenüber. Das Internet schaffe eine neue Informationslogistik von Aussage-, Filter- und Synthesemechanismen, meint Robin Meyer-Lucht.[78] „Im Ergebnis bewegt sich das Mediensystem weg vom Prinzip des kleinsten gemeinsamen Nenners hin zu mehr persönlicher Relevanz ... Nachrichten werden persönlicher. Wer im Internet surft, hat immer eine Frage.“ (Skeptiker würden wissen wollen, ob die Internet-User jene Fragen stellen, deren Beantwortung ihnen das nötige Rüstzeug für eine informierte Teilnahme am öffentlichen Leben mitgibt oder ob sie sich lieber über die neuesten Society-News informieren.) Meyer-Lucht verweist auf den in Harvard lehrenden Yochai Benkler, der sich mit neuen

---

[77] *Habermas, Jürgen: Ach, Europa. Kleine politische Schriften XI. Frankfurt am Main 2008, S. 161f.*

[78] *Meyer-Lucht, Robin: Habermas, die Medien, das Internet. Perlentaucher, 4.6.2008, http://www.perlentaucher.de/artikel/4686.html, abgerufen am 2.9.2009.*

Formen kultureller Produktion (etwa Open Source-Software oder Wikipedia) beschäftigt. Benkler zufolge zeichnen sich im Netz sehr wohl zunehmend Praktiken ab, die zu einer kohärenten Informationssphäre führen, ohne die Modelle der Massenmedien zu replizieren.[79]

In Deutschland, merkt Robin Meyer-Lucht etwas süffisant an, „mag die Politik das Internet nicht, weil sie es nicht versteht. Sie mag die Massenmedien, weil sie dafür Kontrollapparate entwickelt hat".[80]

Der Umgang mit neuen Technologien: Sollen wir wollen, was wir können?

Demokratie verlangt, siehe oben, nach informierten Bürgern, um unter deren Einbeziehung zu allgemein akzeptierten Lösungen zu gelangen. Ob der Staat mehr umverteilen soll oder weniger, wie hoch das Tempolimit angesetzt oder wie die Zuwanderung geregelt wird sind Themen, zu denen die meisten Menschen eine Meinung haben. Der Fortschritt in der Forschung – Neuro- und Biowissenschaften, Gen- und Nanotechnologie und die zunehmende Verschmelzung dieser Zweige zu den konvergenten Technologien („converging technologies", CT) – stellt uns aber vor ganz neue Fragen, über die nur wenige Bescheid wissen.

„Die Durchdringung aller Lebens- und Handlungsbereiche mit wissenschaftlichem Wissen sowie die steigenden Aufwendungen der öffentlichen Hand für Wissenschaft und Forschung machen es notwendig, das Verhältnis zwischen Wissenschaft und Gesellschaft umfassend zu reflektieren und teilweise neu zu definieren", ist ein für die Arena-Analyse befragter Experte überzeugt. „So werden die

---

[79] *Benkler, Yochai: „The Wealth of Networks. How Social Production Transforms Markets and Freedom", 2006. Online-Ausgabe: http://www.jus.uio.no/sisu/the_wealth_of_networks.yochai_benkler/index.html*

[80] *Meyer-Lucht, Habermas, http://www.perlentaucher.de/artikel/4686.html.*

Auswirkungen, welche der wissenschaftliche Fortschritt auf vielen Gebieten bringt, noch gar nicht oder zumindest zu wenig thematisiert. Um ein Beispiel zu geben: Wie werden sich die Erkenntnisse der Neurowissenschaften auf unserer Menschenbild auswirken?" Eine konkrete Frage lautet etwa so: Wenn die Hirnforschung immer genauer erklären kann, wie wir von den Synapsen gesteuert werden, was bleibt dann vom freien Willen übrig? Wie weit sind wir dann noch für unsere Handlungen verantwortlich?

„Dies ist ein Thema, das Wissenschaft und Forschung nicht allein lösen können. Vielmehr bedarf es hier einer umfangreichen Auseinandersetzung mit dieser Frage auf allen Ebenen. Informationsvermittlung, d.h. die Informationsweitergabe der Wissenschaft, was sie tut, wie sie es tut und welche Erkenntnisse sie dabei gewinnt, kann dabei nur ein erster Schritt sein. In der Folge geht es dann um den aktiven und nachhaltigen Dialog zwischen Wissenschaft/Forschung und Gesellschaft", meint der Experte. „Im Rahmen der Wissenschafts- und Forschungspolitik haben wir es heute häufig mit Wertekonflikten zu tun, die die Frage betreffen, welches Wissen wir zu welchen (ethischen) Kosten wollen bzw. wie wir mit gewonnenem Wissen umgehen wollen. Die zentrale Herausforderung im Umgang mit Unsicherheiten liegt daher in der Gewinnung von Orientierung, also berechenbarer Handlungsfähigkeit, und damit der Produktion von Sicherheit. Die Gesellschaft, von deren Steuergeldern ein großes Maß an Forschung finanziert wird, hat ein Anrecht darauf, dass ihre Stimme in Wissens- und Interessenkonflikten nicht nur gehört wird, sondern auch Gewicht erhält. Freilich ist Partizipation nur eine Ergänzung, nicht aber Ersatz für bewährte politische Entscheidungsprozesse."

„Es ist heute zum Teil noch sehr abstrakt, was da alles genau auf uns zukommt", stellt ein anderer Befragter fest. Um die Fragen verstehen zu können, die der technologische Wandel aufwirft, brauche es viel Wissen und Phantasie. Langsam würden sich aber zum Beispiel datenschutzrechtliche und versicherungstechnische Themen herausschälen. Der Befragte verweist darauf, dass solche Fragen bisher eher von Schriftstellern wie Michael Crichton aufgegriffen werden. Dieser beschreibt im Roman „Beute" die Utopie von kleinsten, auf organischer (Bakterien-)Basis funktionierenden Computern: Durch menschliches Versagen entweichen diese Maschinen-Organismen aus dem kontrollierten Bereich und beginnen eine Jagd auf die Menschen. „Wir werden eine stärkere gesellschaftliche Debatte sowie eine ideologiefreie Technikfolgenabschätzung initiieren müssen. Diese Themen überrollen unsere Gesellschaften sonst völlig", prognostiziert der Teilnehmer der Arena-Analyse.

Welche Fragen sind aber kurz- und mittelfristig unausweichlich? Ein kurzer Blick auf Nanotechnologie, Stammzellen-, sowie Hirnforschung und darauf, wie diese Technologien zusammenspielen, bringt mehr Klarheit.

Nanotechnologie

Eine präzise und allgemein akzeptierte Definition davon, was Nanotechnologie ist, gibt es (noch) nicht. Der Sammelbegriff gründet auf der allen Nano-Forschungsgebieten gleichen Größenordnung: Nanotechnologie ist ein Bereich der Technologie, in der Dimensionen und Abstände von 0,1 bis 100 Nanometern eine kritische Rolle spielen. Ein Nanometer ist ein Milliardstel Meter (10^{-9}m). Zum Vergleich: Der Durchmesser eines Menschenhaares ist fünfhundertmal größer als ein Nanopartikel. Forschungsgebiete, in denen Nanotechnologie zum Tragen kommt, sind etwa die Oberflächenphysik und -chemie, die Halbleiterphysik, Teilbereiche des Maschinenbaus oder der Lebensmitteltechnologie. Es geht dabei um Materialien und Systeme, deren Strukturen und Komponenten aufgrund ihrer Nano-Größe neue und deutlich verbesserte physikalische, chemische und biologische Eigenschaften aufweisen und neue Prozesse erlauben.

Allgemeiner formuliert: Nanotechnologie ist überall dort im Spiel, wo es um winzige Teilchen geht, die aufgrund ihrer Kleinheit ganz andere Eigenschaften aufweisen und daher neue Anwendungen möglich machen. Künstlich hergestellte Nanopartikel können aufgrund ihrer reaktionsfähigen Oberfläche zum Beispiel Wirkstoffe gezielt zu Zellen transportieren oder Elektrizität durch Materialien leiten, die sonst isolieren.

Im Handel gibt es bereits Produkte, die Nanopartikel enthalten: Spray zum Fensterreinigen etwa, besonders leichte Tennisschläger, Fahrradrahmen, Bakterien abtötende Kleidungsstücke (konkret Socken, die keinen Fußgeruch annehmen), Autolacke oder Sonnencremes mit hohem Lichtschutzfaktor. Eine Kennzeichnungspflicht für Nanopartikel gibt es nicht. In Deutschland wurde mit solchen Waren 2007 ein Umsatz von 33 Milliarden Euro erzielt,[81] mehr als 60.000 Arbeitsplätze hängen inzwischen davon ab.

Bekannte französische Firmen werben bereits damit, in ihrer Kosmetik Nanomaterialien zu verwenden – und dies, obwohl bisher nur sehr begrenzt erforscht wurde bzw. werden kann, ob die Partikel nicht gesundheitsschädigend sind. Erst ab 2012 müssen laut einer EU-Verordnung Nanomaterialen in Kosmetika auf der Packung angegeben werden.

So sind Kohlenstoffnanoröhren, die in den leichten Tennisschlägern stecken, bei Versuchen in ungebundener Form in das Lungengewebe von Ratten eingedrungen und haben dort Entzündungen und Gewebeveränderungen hervorgerufen. Die krebserregende Wirkung des ebenfalls faserförmigen Minerals Asbest wurde erst nach Jahrzehnten

---

[81] *nano.DE-Report 2009. Status Quo der Nanotechnologie in Deutschland. Bundesministerium für Bildung und Forschung, Bonn und Berlin 2009, S. 3, http://www.bmbf.de/pub/nanode_report_2009.pdf, abgerufen am 3.9.2009.*

entdeckt – bisher lässt sich nicht sicher ausschließen, dass manche Nanopartikel ähnlich verheerende Spätfolgen haben. Fragen, was den Konsumenten passiert, wenn sie den bereits erwähnten Fensterspray einatmen, kann die Wissenschaft einfach noch nicht beantworten: „Zu sehr hängen die Eigenschaften der Nanopartikel von ihrem jeweiligen Einsatzort ab. Eine Oberfläche mit fixierten Partikeln lässt sich nicht vergleichen mit einem losen Pulver, eine Flüssigkeit mit Kohlenstoffnanoröhren nicht mit einem trockenen Produkt. Im menschlichen Körpergewebe können die Nanoteilchen Wechselwirkungen mit körpereigenen Stoffen eingehen und sich dann völlig anders verhalten als zuvor."[82]

2004 präsentierte die Schweizer Rückversicherungsgesellschaft Swiss Re den Report „Nanotechnologie. Kleine Teile – große Zukunft?"[83]. Darin empfiehlt Swiss Re Versicherungen, die Risiken von Nanotechnologie auf keinen Fall unbegrenzt zu übernehmen; Versicherungsverträge sollten grundsätzlich eine maximal abzudeckende Schadenshöhe enthalten. Ein Jahr später kam die Allianz Versicherungs-AG ebenfalls zu vorsichtigen Schlussfolgerungen: Das eigentliche Risiko der Nanotechnologie bestehe in der „Lücke, die zwischen ihrer dynamischen Entwicklung und dem Wissen um mögliche Gefahren und den gültigen Sicherheitsstandards zur Vermeidung negativer Auswirkungen besteht", kommentierte ein Allianz-Mitarbeiter den gemeinsam mit der OECD erstellten Bericht.[84]

---

[82] *Maier, Josephina: „Warten auf den Störfall". Die Zeit, 25.6.2009, http://www.zeit.de/2009/27/N-Nano, abgerufen am 3.9.2009.*

[83] *„Nanotechnologie. Kleine Teile – große Zukunft?" Swiss Re, Zürich 2004, http://www.google.at/search?hl=de&q=Nanotechnologie+%22Swiss+Re%22&btnG=Suche&meta=lr%3Dlang_de, abgerufen am 3.9.2009.*

[84] *„Opportunities and Risks of Nanotechnologies" Allianz, München 2005,https://www.allianz.com/static-resources/images/pdf/saobj_796627_nanotechnologie.pdf, abgerufen am 3.9.2009.*

2006 rief das deutsche Umweltministerium die Nano-Kommission ins Leben, um Chancen und Risiken der Nanotechnologie abzuwägen. Dort arbeiten Wissenschaftler, Wirtschaft und deren Verbände, Gewerkschaften, Umwelt- und Verbraucherschutzverbände sowie staatliche Vertreter aus Bund und Ländern zusammen. Ende 2008 legte die Kommission einen Bericht vor, in dem sie sich für eine unabhängige Marktaufsicht über Nanoprodukte und für eine zukünftig stärkere Transparenz für Verbraucherinnen und Verbraucher ausspricht.[85]

In der Öffentlichkeit sind diese Debatten noch nicht angekommen. „Was ist los mit den Deutschen? Eine Technik, deren Folgen für Mensch und Gesellschaft noch nicht ansatzweise abzusehen sind, erobert den Alltag. Das führte bisher stets zu einem öffentlichen Aufschrei ... Möglicherweise liegt das daran, dass die Bürger sich unter Nanotechnologie einfach nichts vorstellen können ... Verwunderlich ist das nicht – das Etikett ´Nano´ wird inflationär vergeben, auch dort, wo die Einordnung kaum Sinn ergibt. Was eine wasserabweisende Oberflächenbeschichtung mit der Keramikmembran in einer Brennstoffzelle und mit neuen Krebstherapien zu tun hat, kann der Normalverbraucher unmöglich verstehen,“[86] heißt es in einem Zeitungsbericht. Für die Industrie ist das einerseits gut. Andererseits: „Ein Nano-Toter würde ausreichen, um das ganze Geschäft zu verderben.“[87]

Laut einer Umfrage des Bundesinstituts für Risikobewertung (BfR) haben jene 50 Prozent der Deutschen, die über die Nanotechnologie in den Grundzügen Bescheid wissen, auch eine Meinung dazu, wo sie

---

[85] *Verantwortlicher Umgang mit Nanotechnologien. NanoKommission der deutschen Bundesregierung, Berlin, November 2008. http://www.bmu.de/files/pdfs/allgemein/application/pdf/nanokomm_abschlussbericht_2008.pdf, abgerufen am 3.9.2009.*

[86] *Maier, Warten auf den Störfall, http://www.zeit.de/2009/27/N-Nano.*

[87] *Ebda.*

angewendet werden sollte. Besonders ablehnend stehen die deutschen Bürger Nanopartikeln in ihrem Essen gegenüber. Wo ein konkreter Nutzen erkennbar ist, etwa bei kratzfesten Oberflächen oder in der Medizin, bewerteten die Befragten die Nanotechnologie dagegen positiv.[88] Dennoch: Die andere Hälfte der Deutschen hat von diesen neuen Möglichkeiten keine Ahnung. Eine öffentliche Diskussion über die Anwendungen wäre also nötig.

In Österreich hat die SPÖ-ÖVP-Koalition in ihrem Regierungsprogramm 2008-2013 die Ausarbeitung und Umsetzung eines Aktionsplanes zur Nanotechnologie vorabgerufen, in dem der Risikoforschung ein „angemessener" Platz eingeräumt werden soll. Mit der Förderung des bis Herbst 2010 laufenden Projekts NanoTrust gab das Bundesministerium für Verkehr, Innovation und Technologie den Auftrag, den Wissensstand über mögliche Gesundheits- und Umweltrisiken der Nanotechnologie kontinuierlich zu erheben, zu analysieren und zusammenzufassen.[89] Das vom Institut für Technikfolgen-Abschätzung abgewickelte Projekt sollte auch als eine österreichweite Ansprechstelle zu Fragen des Umgangs mit möglichen Gesundheits- und Umweltrisiken der Nanotechnologie fungieren – sowohl für Bürger als auch Verwaltung, Politik und die Forschungscommunity. Wie viel oder wie wenig die Österreicher über Nanotechnologie wissen, war im Herbst 2009 noch nicht untersucht, und eine öffentliche Debatte hatte noch nicht begonnen.

---

[88] *Zimmer, René, Rolf Hertel und Gaby-Fleur Böl: „Wahrnehmung der Nanotechnologie in der Bevölkerung", Bundesinstitut für Risikobewertung, Berlin 2008, http://www.bfr.bund.de/cm/238/wahrnehmung_der_nanotechnologie_in_der_bevoelkerung.pdf, abgerufen am 3.9.2009.*

[89] *siehe http://nanotrust.ac.at, abgerufen am 4.9.2009.*

Stammzellenforschung

Mit Gentechnik verbundene Themen wie die Stammzellenforschung werden die politische Agenda in Zukunft noch stärker bestimmen, heißt es im Beitrag eines Politologen zur Arena-Analyse. „Die Politik wird durch die florierende Biotechnologie-Industrie, die Gen-Forschung und den globalen Wettbewerb immer stärker unter Druck kommen, die noch sehr restriktiven Regeln in Deutschland sukzessive zu lockern.“ Ein Indiz dafür ist, dass US-Präsident Obama im März 2009 die von seinem Vorgänger George Bush verfügten Einschränkungen bei der staatlichen Förderung mit humanen embryonalen Stammzellen (ES) aufhob. In Österreich ist die gesetzliche Regelung nicht ganz so streng wie in Deutschland, aber weniger liberal als in der Schweiz und erst recht als in Großbritannien, wo die Forschung sehr großen Spielraum hat.

Worum geht es genau? Aus sogenannten überzähligen Embryonen, die durch künstliche Befruchtung (In-vitro-Fertilisation, IVF) entstanden sind, die nicht mehr für Fortpflanzungszwecke benötigt und daher tiefgefroren gelagert werden, ist es möglich, humane ES-Zellen zu gewinnen. Die Forschung mit diesen Zellen könnte laut ihren Befürwortern sehr positive Ergebnisse bringen. So erhoffen sich Wissenschaftler unter anderem eine Heilung schwerer Krankheiten wie Parkinson, Diabetes oder Querschnittslähmung sowie die Möglichkeit, zerstörte Organe nachwachsen zu lassen. Konkrete Hinweise auf solche Erfolge gibt es zum jetzigen Zeitpunkt allerdings erst aus Tierexperimenten mit Nagern.

Neben der Gewinnung von ES-Zellen aus IVF-Embryonen ist auch eine Gewinnung von ES-Zellen durch Klonen möglich. Durch die Übertragung des Zellkerns aus einer Körperzelle in eine unbefruchtete, von der inneren Zellmasse befreite Eizelle kann ein früher Embryo entstehen, aus dem ES angelegt werden können. Die Methode hätte bei der Anwendung auf den Menschen den Vorteil, dass ES-Zellen zur Verfügung stünden, die mit dem Spender genetisch und damit immunologisch ident sind.

Das Embryonenschutzgesetz aus dem Jahr 1990, einer Zeit, die manche als das „Mittelalter der Zellforschung“ bezeichnen, verbietet es nicht nur, menschliche Embryonen in Deutschland für Forschungszwecke herzustellen oder zu klonen, sondern auch, sie zu zerstören. Die Forschung an importierten embryonalen Stammzellen ist jedoch unter Auflagen möglich. Grundsätzlich geht es bei der Diskussion vor allem um die Frage, ob der frühe Embryo als menschliches Wesen gilt und daher unter den Würdeschutz des Grundgesetzes fällt. Damit darf sein Leben keinerlei Abwägungen unterliegen. Aber um humane ES-Zellen zu gewinnen, muss der menschliche Embryo ja zerstört werden. Anders gefragt: Hat ein Zellhaufen schon eine Seele? Bis jetzt meint der deutsche Gesetzgeber, dass er eine besitzt. Diese strenge Regelung birgt natürlich die Gefahr, dass das, was in Deutschland verboten ist, jenseits der Landesgrenzen geschieht und die Forschung im internationalen Wettbewerb zurückfällt.

Darüber hinaus ist es aber auch so, dass in der Praxis der eigentliche Sinn des Gesetzes, der Embryonenschutz, nicht gewährleistet ist. Theoretisch dürfen die Fortpflanzungsmediziner bei der Zeugung im Labor höchstens drei Embryonen entstehen lassen, und alle diese erzeugten Zellhaufen müssen der Frau eingesetzt werden. (Deswegen führen künstliche Befruchtungen so oft zu Mehrlingsgeburten.) Eine Selektion mittels Präimplantationsdiagnostik ist verboten – was zu dem Widersinn führt, dass ein wenige Tage alter Embryo im Labor nicht zerstört werden darf, dessen Abtreibung bis zum dritten Schwangerschaftsmonat jedoch erlaubt ist. In Wirklichkeit aber stellen auch so manche deutsche Kinderwunschzentren mehr Embryonen her, um diejenigen mit den besten Überlebenschancen auszusuchen. 2007 warb der Berufsverband Reproduktionsmedizin Bayern in einer Presseinformation damit, dass auch in Deutschland die Zahl der befruchteten Zellen „höher sein kann als die Zahl der zu übertragenden Embryonen“

und es „keinen Vorteil für ein Paar mit unerfülltem Kinderwunsch gibt, diese Behandlung im Ausland vorzunehmen".[90] Es gibt also auch in Deutschland überzählige Embryonen – und niemand weiß, was mit ihnen geschieht.

Juristen drängen daher den Bundestag, endlich ein moderneres Gesetz zur Fortpflanzungsmedizin zu beschließen. Doch das konservative wie das progressive Lager fürchten offenbar einen Streit über so grundsätzliche Fragen wie eben jene, wann menschliches Leben beginnt.

Österreich hat (Stand September 2009) kein Embryonenschutzgesetz, sondern lediglich ein Fortpflanzungsmedizingesetz, das die Herstellung embryonaler Stammzellen verbietet. Die Frage des Stammzellenimports ist darin nicht geregelt. Christiane Druml, die Leiterin der Bioethikkommission, eines von der Bundesregierung eingesetzten, jedoch weisungsunabhängigen Gremiums, schließt daraus, dass es in Österreich möglich ist, an importierten Zellen zu forschen. Im März 2009 sprach sich die Bioethikkommission in einem Bericht mit deutlicher Mehrheit dafür aus, auch die sogenannten überzähligen Embryonen in den Labors für die Stammzellenforschung freizugeben,[91] aber nur, wenn die Personen, von denen die Keimzellen stammen, aus freien Stücken dazu eingewilligt haben. Laut dem Fortpflanzungsmedizingesetz müssen die sogenannten überzähligen Embryonen nach Ablauf einer bestimmten Frist vernichtet werden. Embryonen rein für Forschungszwecke herzustellen lehnte die Kommission jedoch ab. Die Produktion von Zellen durch Klonen solle erlaubt werden, sofern eine Implantation in den Körper einer Frau rechtlich ausgeschlossen werde. Die Experten drängten nicht nur auf eine

---

[90] *Zitiert nach Spiewak, Martin: „Die Ausweitung der Grauzone." Die Zeit, 16.7.2009, http://www.zeit.de/2009/30/M-PID-IVF, abgerufen am 4.9.2009.*

[91] *Forschung an humanen embryonalen Stammzellen. Bioethikkommission beim Bundeskanzleramt, 16.3.2009. http://www.bundeskanzleramt.at/DocView.axd?CobId=34240, abgerufen am 4.9.2009.*

Novellierung des Fortpflanzungsmedizingesetzes, sondern auch darauf, die Stammzellenforschung eigenständig zu regeln, um sie „rechtlich klar abzusichern, besser zu fördern und zugleich wirksam zu kontrollieren"[92] Es gab jedoch keinen Anhaltspunkt dafür, wann sich die österreichische Regierung oder das Parlament mit dem Thema befassen würden.

Hirnforschung

Der deutsche Psychologe sowie Kognitions- und Neurowissenschaftler Wolfgang Prinz zieht aus der Erkenntnis, dass neuronale Verschaltungen im Gehirn unser Handeln bestimmen, einen Schluss von provokanter Klarheit: „Wir tun nicht, was wir wollen, sondern wir wollen, was wir tun."[93] Prinz´ Formulierung bezieht sich auf die Experimente des Neurophysiologen Benjamin Libet von 1979. Libet wies durch Messungen mit Elektroden am Kopf nach, dass die Bereitschaft zu einer bestimmten Handlung im Gehirn zeitlich (etwa eine halbe Sekunde) vor dem bewussten Entschluss einer Person liegt, diese Handlung zu setzen: Das Gehirn hat schon entschieden, bevor wir das wissen. „Das", so Wolfgang Prinz, „kann nur bedeuten, dass unser bewusster Willensimpuls so etwas wie ein Ratifizieren einer Entscheidung ist, die das Gehirn schon getroffen hat: Ich will, was ich tue."[94]

---

[92] *Ebda., S.49.*

[93] *„Der Mensch ist nicht frei". Interview mit Wolfgang Prinz. In: Das Magazin 2/2003, Bildgebende Verfahren der Hirnforschung. Wissenschaftszentrum Nordrhein-Westfalen, Düsseldorf. http://www.wz.nrw.de/magazin/artikel.asp?nr=510&ausgabe=2003/2&titel=Der^Mensch^ist^nicht^frei&magname=Bildgebende^Verfahren^der^Hirnforschung, abgerufen am 6.9.2009.*

[94] *Ebda.*

Der Philosoph Peter Kampits nennt dies einen „Frontalangriff auf die menschliche Freiheit“[95]. Er wirft damit, ähnlich wie einige Befragte der Arena-Analyse, die Frage auf: „Wir können viel. Und wir wollen noch mehr. Aber sollen wir alles wollen, was wir können?“[96] Dies betreffe all unsere Lebensbereiche, von der Ökonomie über die Politik, unsere gesellschaftlichen Strukturen und unsere individuelle Lebenswelt. Die Wissenschaft müsse zwischen Machbarkeitswahn und Verantwortung einen Weg finden.

Zurück zu Wolfgang Prinz, der uns den freien Willen abspricht. Um festzustellen, dass wir determiniert sind, bräuchten wir seiner Meinung nach die Libet-Experimente gar nicht. Denn „die Idee eines freien menschlichen Willens ist mit wissenschaftlichen Überlegungen prinzipiell nicht zu vereinbaren. Wissenschaft geht davon aus, dass alles, was geschieht, seine Ursachen hat und dass man diese Ursachen finden kann. Für mich ist unverständlich, dass jemand, der empirische Wissenschaft betreibt, glauben kann, dass freies, also nicht-determiniertes Handeln denkbar ist“.[97] Die Überzeugung der meisten Menschen, dass sie freie, autonome Akteure sind, hält Prinz für „alltagspsychologische Intuitionen“, die uns eingeben, dass der Geist den Körper regiert. Wissenschaftlich sei dies aber unhaltbar.

Zur Frage, ob Mörder oder Drogenhändler – die ja nicht frei handeln! – dann überhaupt noch verurteilt werden sollen, ist es ein Katzensprung. Prinz meint, ja – „solange wir uns für das Rechtssystem entscheiden, das zurzeit gültig ist ... Wir könnten aber andererseits auch ein anderes Rechtssystem etablieren. Etwa eines, das nicht auf dem Schuld- und

---

[95] *Kampits, Peter: „Was heißt schon Freiheit?“ In: „Die Presse“, 25. Juli 2009, Spectrum Seite I.*

[96] *Ebda.*

[97] *„Der Mensch ist nicht frei“, „Das Magazin“ 2/2003.*

Verantwortungsprinzip beruht, sondern darauf, dass man für Handlungen, die anderen schaden, zahlen muss, ohne dass man dem Handelnden Freiheit und Schuldfähigkeit unterstellt".[98]

„Die Hirnforschung ist nicht nur die größte wissenschaftliche Herausforderung des 21. Jahrhunderts, sie ist auch die größte Herausforderung an unsere Moral"[99], urteilt der Philosoph und Publizist Richard David Precht. Sie eröffne zweifelsfrei segensreiche Möglichkeiten, wie zum Beispiel im Spezialgebiet der Neurostimulation: Diese macht sich die elektrische Signalübertragung im Gehirn auf solche Weise dienstbar, dass gestörte Sinnesfunktionen des Körpers „übersprungen" werden. Auf dieser Basis funktionieren etwa Cochlea-Implantate für sehr schwerhörige oder taube Menschen. Precht verweist auf Dokumentarfilme, die zeigen, wie Parkinson- und Epilepsiekranke durch Hirnstimulationen schlagartig von ihren Leiden befreit werden können. Dabei wirkt der gezielte Stromimpuls eines „Hirnschrittmachers" auf die krankhaft überaktiven Hirnareale ein und hemmt augenblicklich die Symptome.

Freilich sind diese Manipulationen unseres Nervensystems im Gehirn genauso gut für fragwürdige Zwecke einsetzbar oder gar zu missbrauchen: „Die dämonischsten Täter für einen möglichen Missbrauch wären das Militär und die Geheimdienste. Es dürfte nicht schwer sein, einen Gefangenen beim Verhör mithilfe von Hirnstimulationen nicht nur zu foltern, sondern durch Einwirkung auf bestimmte Hirnregionen tief greifend zu manipulieren."[100] Expertisen mithilfe des Kernspin-Tomografen, der Hirnvorgänge sichtbar macht, spielen laut Precht in

---

[98] *Ebda.*

[99] *Precht, Richard David: „Wer bin ich, und wenn ja, wieviele?" München, Goldmann-Verlag 2007, S. 266.*

[100] *Precht, S. 269.*

US-Gerichtssälen bereits jetzt eine erhebliche Rolle. Neuropsychiater nützten das Gerät, um die Zurechnungsfähigkeit von Schwerverbrechern festzustellen. Damit gelangt man wieder zur Frage, ob unser Rechtssystem trotz der Erkenntnisse der Hirnforschung weiter haltbar ist.

Ein weiterer Aspekt der Hirnforschung besteht darin, dass die Umwelt, in der wir uns aufhalten, die neuronalen Verschaltungen in unserem Gehirn zum Teil dauerhaft verändert. „Wer sehr viel Schach spielt, optimiert dadurch bestimmte Fähigkeiten ... Doch was ist mit dem Spieler am Ego-Shooter, der am Tag tausend feindliche Krieger abballert? Auch er wird ein guter Spieler – die Frage ist nur, welche Folgen das tausendfache Abschießen in seinem Gehirn sonst noch zeitigt."[101]

Der Philosoph Thomas Metzinger hat angesichts solcher Fragen den Begriff der „Anthropologiefolgenabschätzung" geprägt. So wie wir die Folgen von Risiko-Techniken für die Gesellschaft abschätzen, so sollten wir dies in Zukunft auch für die Risikofolgen der Hirnforschung tun. Durch die Erkenntnisse der modernen Hirnforschung erweitere sich, so Metzinger, die Anthropologie (die Wissenschaft vom Menschen): „Wir bewegen uns auf ein grundlegend neues Verständnis dessen zu, was es heißt, ein *Mensch* zu sein."[102] Das allgemeine Bild vom Menschen sei aber eine der wichtigsten Grundlagen unserer Kultur. „Seine Besonderheit besteht darin, dass es sehr subtil und doch wirksam die Art und Weise beeinflusst, wie wir im Alltag miteinander umgehen und uns selbst erleben. Deshalb wird die ... Entwicklung auch kulturelle und gesellschaftliche Konsequenzen nach sich ziehen und schließlich unser aller Leben beeinflussen."

---

[101] *Ebda, S. 272.*

[102] *Metzinger, Thomas: Auf der Suche nach einem neuen Bild des Menschen. In: Spät, Patrick: Zur Zukunft der Philosophie des Geistes. Paderborn 2008, S. 225-236, hier S. 230. http://www.philosophie.uni-mainz.de/metzinger/publikationen/Bewusstseinskultur_2008.pdf, abgerufen am 6.9.2009.*

Deshalb, bilanziert Richard David Precht, sei die Gesellschaft gut beraten, ihre ethischen Kontrollen so früh wie möglich durchzuführen.

Konvergente Technologien

Das Ganze ist mehr als die Summe seiner Teile. Nano- und Biotechnologie sowie kognitive Wissenschaften, von denen einige Aspekte kurz dargestellt wurden, werden gemeinsam mit Informations- und Kommunikationstechnologie (die die Grundlage für Computer, Internet und Mobiltelefonie bilden) unter dem Titel „konvergente Technologien" zusammengefasst. „Das 21. Jahrhundert ist das Jahrhundert der Konvergenz zumindest dieser vier Technologien", sagt ein Innovationsforscher in seinem Beitrag zur Arena-Analyse voraus. „Wir stehen vor dem ´convergence challenge´".

Als Beispiel für die Konvergenz von Technologien nennt er etwa die Verknüpfung von „ambient computing" und Sozialforschung. Unter „ambient computing" versteht man, dass Computer bzw. Transponder, die oft nicht größer als ein Chip sind und daher nicht wahrgenommen werden, immer öfter ein Bestandteil der uns umgebenden Alltagsgegenstände sind. Sie sind z.B. in Wände oder Leuchten integriert und steuern die Heizung in Abhängigkeit der Temperatur oder das Öffnen der Fenster je nach Sauerstoffgehalt. Ein Chip kann aber genauso gut einer Person implantiert werden und deren Körperfunktionen aufzeichnen, etwa zu hohen Blutdruck, und daraufhin eine Warnung abgeben. Eine weniger positive Anwendung bestünde darin, dass er die Vorgänge im Gehirn erfasst. Dies ließe etwa Erkenntnisse über unsere Aktions- und Reaktionszeiten zu; durch Manipulation wäre es möglich, die Reaktionszeit zu verkürzen oder schneller zu antizipieren und uns so schneller auf die Umwelt einzustellen. Der Experte verweist in diesem Zusammenhang auf das große Interesse, das Militärs an solchen Entwicklungen haben.

Um die ethischen und wirtschaftlichen Auswirkungen oder jene auf die Umwelt einzugrenzen, befürwortet auch der Innovationsforscher einen

„breiten Diskurs in unserer Gesellschaft, wenn es nicht dazu kommen soll, dass die Vorteile der konvergenten Technologien durch deren negative externe Effekte deutlich verdrängt werden". Derzeit sei es aber so, dass die an der Forschungs-, Technologie- und Innovationspolitik Beteiligten (Ministerien, Universitäten, Unternehmen) einen solchen Diskurs scheuen. Er wünscht sich auch mehr Orientierung in diesen Fragen mittels Foresight-Prozessen, wie sie bisher nur auf EU-Ebene durchgeführt würden.

All diese Entwicklungen und neuen Fragestellungen im Bereich Wissen und Information bedeuten für Unternehmen, dass sie die ethischen Diskussionen am besten nicht nur verfolgen, sondern auch an ihnen teilnehmen sollten. Neues Wissen bringt früher oder später auch neue Normen hervor, auf die es sich einzustellen gilt. Freiwillige Vereinbarungen können diesen Normen zuvorkommen oder sich auf deren Ausgestaltung auswirken.

Knappe Güter: Uns geht (nicht nur) die Luft aus

Ist Ihnen der 25. September 2009 aus irgendeinem Grund in Erinnerung? Nein? Dies war jener Tag, an dem die Menschheit bereits die gesamten natürlichen Ressourcen verbraucht hatte, die die Erde auf der Basis von Nachhaltigkeit für das gesamte laufende Jahr bereit hielt.[103] Das „Global Footprint Network" nennt diesen Tag den Überschreitungstag („overshoot day"). Die Welt hat 2009 also etwa 1,4 Mal so viele Ressourcen verbraucht als sie auf Dauer zur Verfügung hat.

Der sogenannte ökologische Fußabdruck ist eine Art Buchhaltung, die die menschliche Nachfrage nach natürlichen Ressourcen mit der Kapazität der Erde vergleicht. Sie misst die Land- und Wasserfläche, die zur Erneuerung von Ressourcen unter Berücksichtigung gegenwärtiger Technologien benötigt wird, um den gegenwärtigen Konsum einer bestimmten Bevölkerung zu befriedigen. Die Entsorgung von Abfällen wird ebenfalls in diese Flächenberechnung einbezogen. Laut den Berechnungen des „Global Footprint Network" wirtschaftet die Weltbevölkerung seit dem Jahr 1986 defizitär; wir betreiben also seit gut 20 Jahren Raubbau am Planeten. 1987 kamen wir allerdings noch spürbar länger mit den Gütern unserer Umwelt aus: Der Überschreitungstag war damals der 19. Dezember.

Um zu klären, dass arme Länder, in denen die Bevölkerung wenig konsumiert, eine bessere Ressourcenbilanz vorlegen können als reiche, ist nicht viel Rechenkunst nötig. Laut der jüngsten Statistik des Netzwerkes (basierend auf Werten aus dem Jahr 2005) verbraucht jeder Einwohner aus der Gruppe der Industriestaaten 2,7 globale Hektare[104]

---

[103] *http://www.footprintnetwork.org/en/index.php/GFN/page/earth_overshoot_day/, abgerufen am 16.9.2009*

[104] *Die Messgröße „globaler Hektar" beschreibt die durchschnittliche Produktivität von biologisch produktiven Land- und Wasserflächen pro Hektar in einem Jahr. Diese*

Land mehr als er eigentlich zur Verfügung hat; die Menschen in den Entwicklungsländern nur 0,1 Hektar. Allein die Staaten mit mittlerem Einkommen bilanzieren ausgeglichen. Ein regionaler Blick zeigt, dass jeder Deutsche mit 2,3 Hektaren Defizit zu Buche schlägt, die Österreicher mit 2,1 und die Schweizer mit 3,7 Hektaren.[105] Vor allem die sehr dicht besiedelten Länder bzw. die großen Energieverbraucher liegen schlecht: Weltweiter „Spitzenreiter“ sind die Vereinigten Arabischen Emirate mit pro Kopf 8,3 Hektaren zu hohem Verbrauch, dahinter folgen die USA und Spanien mit je 4,4 Hektaren.

Laut eigenen Angaben des „Global Footprint Network“ berät die Organisation gemeinsam mit EU-Gremien bereits über verschiedene Wege, wie der ökologische Fußabdruck als ein Schlüsselindikator der EU für Nachhaltigkeit eingeführt werden kann. Ebenso habe das Statistische Amt Eurostat die Ergebnisse über die Fußabdrücke der EU-Staaten positiv bewertet. Auch die Zusammenarbeit mit Firmen wird gesucht. Das „Global Footprint Network“ entwickelte eine interaktive Anwendung, um den Fußabdruck des französischen Unternehmens SITA zu ermitteln, das Abfallmanagement betreibt.[106] Dieser Rechner ermöglicht es SITA, die eigenen Betriebssysteme zu analysieren, Ansatzpunkte für eine Verminderung des Fußabdruckes zu finden und den Betrieb effizienter zu managen. Auf diese Weise wird auch den Kunden der ökologische Wert von Abfall vor Augen geführt. Die Firma habe sich, so das Netzwerk,

---

Messgröße quantifiziert die biologische Kapazität des Planeten sowie den Bedarf an biologischer Kapazität durch die Menschen (den ökologischen Fußabdruck). Siehe http://www.footprintnetwork.org/de/index.php/GFN/page/glossary/#biologicallyproductivelandandwater, abgerufen am 12.9.2009.

[105] *Ebda.*

[106] *http://www.footprintnetwork.org/de/index.php/GFN/page/case_stories/#europe, abgerufen am 16.9.2009.*

damit als umweltfreundliches Unternehmen positioniert, was helfe, neue Aufträge zu gewinnen.

Insgesamt leben 80 Prozent der Weltbevölkerung in Ländern, die mehr Ressourcen verbrauchen als innerhalb ihrer Grenzen erneuert werden können. Diese ökologischen Schuldnerländer (in der EU sind nur Schweden, Finnland sowie Estland, Lettland und Litauen keine solchen) verlassen sich auf die Überschüsse der Gläubigerländer. „Da das Ressourcenlimit immer weiter überschritten wird, wird der steigende ökologische Mangel unsere Weltkarte immer deutlicher ändern, und zwar weg von der Unterscheidung zwischen entwickelten und Entwicklungsländern hin zu ökologischen Schuldner- und Gläubigerländern,“[107] stellt das Netzwerk fest. Nachdem es aber immer weniger Gläubigerländer gibt, sei es für Schuldnernationen immer wichtiger, mit den Gläubigern zu kooperieren, um ihre Volkswirtschaften stabil zu halten.

Dieses Thema haben einige Teilnehmer der Arena-Analyse aufgegriffen. „Niemand kann sagen, dass Umwelt- und Naturschutzorganisationen nicht schon längst vor Ausmaß und Folgen des ökologischen Krisenkonglomerats gewarnt hätten. Die Teilaspekte der ökologischen Krise sind real, manifest und messbar: der Klimawandel, unser übergroßer, plumper ökologischer Fußabdruck auf diesem Planeten, das Aussterben der Arten, die Überfischung der Meere, das rasante Abholzen der Regenwälder und die Verschmutzung von Erde, Luft und Wasser mit unzähligen Umweltgiften. Die Bankenkrise in der Wirtschaft zeigt uns, wie schnell hochkomplexe Systeme zusammenbrechen können. Auch unser Planet ist ein solches hochempfindliches und komplexes System, das wir seit Beginn der industriellen Revolution heute bis an seine Grenzen und noch darüber ausschöpfen“, heißt es in einem Beitrag.

---

[107] *http://www.footprintnetwork.org/de/index.php/GFN/page/ecological_debtors_and_creditors/, abgerufen am 12.9.2009.*

In einem anderen Interview geht es darum, dass unser Umgang mit knappen Gütern auch unsere sozialen Beziehungen beeinflussen sollte. „Weniger naheliegend, aber relevant ist der Solidaritätsgedanke in Fragen des Umweltschutzes und der effektiven Nutzung von Ressourcen: Warum sollte sich das Individuum einschränken bzw. höhere Kosten oder weniger Komfort in Kauf nehmen, wenn es doch selbst keinen unmittelbaren Vorteil davon hat?“ Solidarität mit Bewohnern flutgefährdeter Landstriche in Bangladesch oder nachfolgenden Generationen sei eben nicht gefragt.

„Knapper werdende Ressourcen“, lautet ein weiterer Beitrag, „werden uns immer mehr beschäftigen. Derzeit liegt der Fokus auf fossiler Energie, aber diese Auseinandersetzungen werden an Dynamik zunehmen, und viele andere Rohstoffe werden mit hineinfallen.“ Generell werde die Nachfrage nach Rohstoffen steigen, und eine mögliche Folge davon seien Kriege um solche wichtigen Güter. „Es gilt, solche Nachfrageeffekte rechtzeitig zu erkennen“, heißt es in dem Beitrag. „Die entsprechenden Stichworte lauten Reduktion der Rohstoffabhängigkeit und Entwicklung der Rohstoffmärkte.“ Der verschwenderische Umgang mit Ressourcen führe dazu, dass neue Erschließungen schwieriger und teurer sind sowie deutlich höhere Umweltauswirkungen verursachen.

Rohstoffe als wirtschaftspolitisches Werkzeug

Auf den ersten Blick war es eine gute Nachricht: Eine hohe Beamtin von Chinas Industrieministerium erklärte Anfang September 2009, die Regierung werde den Export zweier Metalle, die für die Erzeugung von Hybridautos, Mobiltelefonen, Raketen und Computerbildschirmen unabdingbar sind, nicht gänzlich verbieten.[108] Dysprosium und Terbium sind zwei der insgesamt 17 sogenannten Metalle der Seltenen Erden. 93 Prozent des weltweiten Bedarfs an diesen Metallen wird von China gedeckt, im Fall der beiden genannten Rohstoffe sind es sogar 99 Prozent.

Zwar wurde die Idee eines Exportstopps, die ein Regierungsvertreter zuvor geboren hatte, mit dieser Aussage verworfen. Westliche Konzerne und Regierungen hatten verärgert und bestürzt reagiert. Die Beamtin sagte aber auch, China werde die jährliche Exportmenge weiterhin deckeln. Ein Gesetzesentwurf legte zunächst fest, die Ausfuhr aller 17 Metalle werde auf 35.000 Tonnen pro Jahr beschränkt. 2008 wurden 53.000 Tonnen exportiert, und noch 2005 waren 66.000 Tonnen ins Ausland gegangen.[109] Über diese Absenkung und mittels Steuern von 42 Prozent auf Dysprosium und Terbium war es der Regierung in Peking gelungen, etwa die Erzeuger von besonders effizienten Magneten zur Verlagerung ihrer Produktion ins Reich der Mitte zu bewegen. Chinesische Bergbauunternehmen waren im Herbst 2009 auch dabei, sich in zwei australische Firmen einzukaufen, die Minen mit Metallen der Seltenen Erden explorierten. Schon im Juni hatten die USA im Rahmen der WTO formelle Konsultationen mit China verlangt, da Peking die Exporte von neun anderen Rohstoffen für die Industrie eingeschränkt hatte.

Drosselt China den Export tatsächlich, könnten die Industrienationen zwar bei der WTO klagen. Solche Verfahren laufen jedoch über Jahre, und wohl noch länger würde es dauern, bis Länder wie Australien,

---

[108] *Bradsher, Keith: „Backpedaling, China Eases Proposal to Ban Exports of Some Vital Minerals." New York Times, 4.9.2009, http://www.nytimes.com/2009/09/04/business/global/04minerals.html, abgerufen am 14.9.2009.*

[109] *Ebda.*

Kanada oder die USA selbst neue Vorkommen erschließen. Auch müssten sie dazu erst Hunderte Millionen Dollar investieren. Chinas starker Mann Deng Xiaoping meinte 1992, während der Nahe Osten über Erdöl verfüge, besitze China die Metalle der Seltenen Erden.[110] Experten zweifelten aber daran, dass Peking ein OPEC-ähnliches Kartell schaffen wolle: „Nachdem China den Weltmarkt ein Jahrzehnt lang mit billigen Metallen überschwemmt hat, will Peking nun sicherstellen, dass es die nötigen Rohstoffe besitzt, um seine eigenen Ambitionen auf eine Hi-Tech- und Umwelttechnologieindustrie zu verwirklichen."[111]

Welche Zielsetzung auch genau dahintersteckt: Unternehmen müssen sich darauf einstellen, dass es den Schwellenländern nicht mehr genügt, mit ihren Rohstoffen Exporterlöse zu gewinnen, sondern dass sie strategische Ziele verfolgen und eine höhere Wertschöpfung anstreben. Damit wird es im Handel mit Rohstoffen immer öfter nicht nur um Angebot und Nachfrage gehen, sondern er entwickelt sich zunehmend zu einem Thema der (Außen)Politik, das auch die Regierungen intensiver beschäftigen wird. Wirtschaft und Politik werden in dieser Hinsicht stärker zusammenarbeiten müssen.

Die Erschließung von Rohstoffen wird immer aufwändiger

„Du bist der neue Scheich", begrüßte Venezuelas Präsident Hugo Chávez, selbst Staatschef des fünftgrößten Erdölexporteurs der Welt, seinen brasilianischen Amtskollegen Luiz Inácio Lula da Silva bei einem Gipfeltreffen 2007. Kurz zuvor war bekannt geworden, dass der staatsnahe Konzern Petrobras vor Brasiliens Küste riesige neue Ölfelder

---

[110] Smith, Peter und Waldmeir, Patti: „China predicts rare earth shortage". Financial Times, 3.9.2009, http://www.ft.com/cms/s/0/9ecf0c7e-9898-11de-aa1b-00144feabdc0.html?catid=8&SID=google, abgerufen am 13.9.2009.

[111] Ebda.

entdeckt hatte. Sie erstrecken sich über 800 Kilometer, und die Felder tragen ansprechende Namen wie Iara (im Glauben indigener Völker die Göttin des Wassers) oder Bem-te-vi (ein einheimischer Vogel). Die größte Lagerstätte ist nach den Tupi-Indianern benannt. Sie allein enthält nach Angaben von Petrobras fünf bis acht Millionen Fass an Erdöläquivalenten; das entspricht der Hälfte der bisher in Brasilien nachgewiesenen Reserven. Kein Wunder, dass Lula da Silva vom „Reichtum, den Gott uns gab“ und einem „Reisepass in die Zukunft“ sprach.

Der Schatz, der Brasiliens wirtschaftliche und geopolitische Bedeutung enorm erhöhen dürfte, ist allerdings nicht ganz einfach zu heben und damit ein gutes Beispiel dafür, dass die Gewinnung von Rohstoffen in vielen Fällen ungleich schwieriger ist als bisher. Es gibt „auf der ganzen Welt ... kein mit der Erschließung der brasilianischen Pré-Sal-Gebiete identisches Erdölprojekt. Experten vergleichen das Vorhaben mit jenen der Raumfahrt – nur dass es eben nicht in die Höhe, sondern in die Tiefe geht. Die Erdölvorkommen liegen 6000 Meter unter dem Meeresspiegel oder tiefer – und unter einer rund 2000 Meter dicken Salzschicht. Herkömmliches Bohrgerät versagt dort. Die verschiedenen Temperaturen entlang des Bohrgestänges – das Meerwasser hat rund vier Grad Celsius und die Erde unterhalb der Salzschicht rund 80 Grad Celsius – können zudem das Erdöl kristallisieren lassen und die Pipelines verstopfen. Erschwerend kommt hinzu, dass auf den Ausrüstungen am Meeresgrund riesige Wassermassen und somit ein enormer Druck lastet; herkömmliches Gerät würde sofort zermalmt werden. In den schwarzen Tiefen des Meeres kann nur noch mit speziellen und kostspieligen Roboter-U-Booten gearbeitet werden. Die Erdölfelder liegen rund 300 Kilometer vor Brasiliens Küste; damit stellen allein der Transport der Bohrausrüstungen und die Versorgung der Bohrinseln weit draußen im Meer eine logistische Herausforderung dar. Die Pipelines, durch die das

Erdöl über Hunderte von Kilometern an Land gepumpt wird, müssen ebenfalls ganz besonderen Anforderungen entsprechen".[112] Angesichts dieser Schwierigkeiten wird mit einer Förderung nicht vor 2017 gerechnet.

Ein Beispiel für Ölgewinnung, die technisch schon gut beherrscht wird, ist jene, die Teersand umwandelt. Venezuelas hoffnungsträchtigste Ölreserven liegen in Form von solchem Sand im Orinoco-Becken, und in der kanadischen Provinz Alberta boomte dieses Geschäft bereits, zumindest bis zur Wirtschaftskrise Ende 2008, die den Ölpreis drückte. Die Anlagen, die nötig sind, um Teer in Öl umzuwandeln, kosten Milliarden an Dollar, daher ist diese Methode wirtschaftlich nur sinnvoll, wenn der Ölpreis über einem gewissen Mindestwert liegt.

Umweltschützer wiederum argumentieren, dass so produzierte schwarze Gold sei das „schmutzigste Öl der Welt": „Erdöl aus Teersand ist, über seinen Lebenszyklus gerechnet, klimaschädlicher als jede andere Art von Öl. Die Erschließung von Teersand in Alberta bewirkt eine Umweltkatastrophe, nämlich sowohl giftige Absetzanlagen, die so groß sind, dass man sie aus dem Weltraum erkennt als auch die Abholzung von Wäldern und Torfboden in der Größenordnung von Florida."[113] Das Verfahren verursacht auch über drei Mal so hohe Treibgasemissionen wie die konventionelle Ölproduktion.[114] Sei es aus diesen oder anderen Gründen: Seit 2007 verbietet es das US-Gesetz über die „Autarkie und Sicherung der Energiequellen der USA", öffentliche Mittel für den Einkauf

---

[112] *Henkel, Christiane Hanna: „Brasilien träumt vom schwarzen Gold". In: Neue Zürcher Zeitung, 5.9.2009, S. 7.*

[113] *„Native & Green Groups Challenge State Dept. Permit for Dirty Oil Pipeline". http://www.sierraclub.ca/national/media/item.shtml?x=2999, abgerufen am 13.9.2009.*

[114] *Luyken, Reiner: „Ein geächteter Rohstoff". Zeit Online, 7.11.2008.http://pdf.zeit.de/online/2008/45/teersand-usa-importverbot.pdf, abgerufen am 16.9.2009.*

von „synthetischem" Treibstoff auszugeben. Als synthetisch gilt Öl aus Teersand deswegen, weil die Moleküle des zähen Rohstoffs in einer Schwerölaufbereitungsanlage aufgebrochen werden müssen noch bevor sie in einer Raffinerie verarbeitet werden. Dennoch steht dahin, ob die Ächtung des kanadischen Rohstoffs von Dauer sein wird: Die Ölquellen im Golf von Mexiko gehen zur Neige. Venezuela, einer der wichtigsten Öllieferanten der USA, wird unter Präsident Chávez immer unberechenbarer, der das Erdöl eigentlich lieber nach China verkaufen will. Daher erscheint es nur als logisch, dass die Raffinerien des mittleren Westens der USA bereits auf die Verarbeitung von Öl aus Teersand umrüsten.[115]

Dies zeigt, dass es mancherorts zwar gute Vorsätze gibt, auf ressourcenschonendere Politiken umzusteigen. Die Frage ist nur, wie lange diese Vorsätze halten, wenn dahinter keine Verhaltensänderung steht – im konkreten Beispiel also Maßnahmen für einen niedrigeren Ölkonsum in den USA. Wollen Unternehmen ökologischere und sparsamere Praktiken umsetzen, sind sie in vielen Fällen – wie auch das Beispiel der Versorgung mit den Metallen aus China zeigt – darauf angewiesen, dass die Politik mittels entsprechenden Beschlüssen mitzieht.

Der neue Wettlauf um Land

Nach vier Monaten an Demonstrationen und 135 Toten erlebte Madagaskar im März 2009 einen Umsturz. Dem rebellierenden Volk gelang es mit Hilfe des Militärs, den Präsidenten zu stürzen. Was war der Grund für den Zorn der Massen gewesen? Die Regierung und der südkoreanische Multi Daewoo hatten einen Vertrag unterschrieben, wonach Daewoo 1,3 Millionen Hektar Land auf 99 Jahre lang pachten

---

[115] *Ebda.*

würde, um Mais anzubauen. Das entspricht einer Fläche, die etwas größer als Tirol ist bzw. beinahe ganz Schleswig Holstein umfasst.

Weltweit dürften ausländische Investoren in den letzten drei Jahren 15 Mio. bis 20 Mio. Hektar Ackerland in Entwicklungs- und Schwellenländern gekauft haben oder in Verhandlungen darüber sein. Das ist ein Areal, das etwa der gesamten Produktionsfläche Frankreichs entspricht. Dafür seien 20 Mrd. bis 30 Milliarden Dollar bezahlt oder verpflichtet worden, schätzt das Internationale Forschungsinstitut für Ernährungspolitik (IFPRI), eine unabhängige Einrichtung in Washington.[116] So kauft Saudi-Arabien Farmen in Äthiopien und pachtet Land in Tansania, um Weizen anzubauen. China schielt, wie eben Korea, nach Plantagen in Afrika, wo es Reis und Soja für einen Teil seiner 1,3 Milliarden Menschen erzeugen will. Investoren aus den Golfstaaten sichern sich Agrarland in Thailand und Pakistan. Die US-Gruppe Jarch Capital schloss mit regionalen Machthabern im Süden des Sudans ein Abkommen über die Bewirtschaftung von 400.000 Hektar.[117] Dieser Deal führt noch dazu zu einem abstoßenden Paradoxon: Denn gleichzeitig hängen 5,6 Millionen Südsudanesen von Nahrungsmittelhilfe ab![118] 1950 entfielen auf jeden Erdenbewohner noch 5600m^2 an Ackerfläche, 2050 werden es – bei einer geschätzten Bevölkerung von 9,1 Milliarden – nur mehr 1500m^2 sein.[119]

---

[116] *http://uk.reuters.com/article/idUKTRE53S97420090429?pageNumber=2&virtual BrandChannel=0&sp=true, abgerufen am 10.9.2009.*

[117] *Themeninfo: Ausländische Direktinvestitionen in Land. Deutsche Gesellschaft für Technische Zusammenarbeit (GTZ) 2009, http://www2.gtz.de/dokumente/bib/gtz2009-0357de-direktinvestitionen-land.pdf, abgerufen am 10.9.2009.*

[118] *Knaup, Horand und Juliane von Mittelstaedt: „Die große Jagd nach Land". Der Spiegel, 27.7.2009, http://wissen.spiegel.de/wissen/dokument/dokument.html?id=66208565&top=SPIEGEL, abgerufen am 16.9.2009.*

[119] *Ebda.*

Länder, die Nahrung importieren müssen, reagieren mit der Landkauf-Politik auch auf die hohen Lebensmittelpreise der Jahre 2007 und 2008. 2008 sanken die weltweiten Getreidereserven auf einen historischen Tiefstand. Manche Produzentenländer schränkten ihre Exporte ein oder stoppten sie gar, um die Preise im Inland unter Kontrolle zu behalten. Andere wichtige Faktoren in dieser Gleichung sind hohe Kosten für Energie und vor allem Wasserknappheit: Was nützt Land, das ich habe, wenn ich es nicht bewässern kann? Lebensmittelimporte sind nicht zuletzt immer auch Importe von großen Mengen an Wasser.

Das sogenannte „land grabbing" bzw. die „Landnahme" ist ein zweischneidiges Schwert. Die Verteidiger argumentieren, dass sie zur Entwicklung beitragen kann, da auf solchen Flächen erzeugte Produkte auf offene Märkte stoßen, daher Arbeitsplätze geschaffen werden und die Infrastruktur verbessert sowie die Produktivität erhöht wird. Arme Länder hoffen auf die Entwicklung und Modernisierung ihrer oft maroden Landwirtschaft. Die Gegner führen ins Feld, dass die lokale Bevölkerung bei solchen Deals nicht einbezogen wird. Es handle sich um eine neue Form des Kolonialismus, und viele der betroffenen Länder hätten schon Schwierigkeiten, die eigene Bevölkerung zu ernähren. Oft genug verfügen die afrikanischen Kleinbauern auch über gar keinen Nachweis, dass das Land, von dem sie leben, ihr Eigentum ist – es reichte aus, dass ihre Familie schon seit Generationen dort wirtschaftete. Eine von der UN-Welternährungsorganisation FAO in Auftrag gegebene Studie legt Beispiele vor, wonach bei den Vertragsverhandlungen zwischen Regierungen und Investoren die betroffenen Menschen oft über den Tisch gezogen werden. „Der Mangel an Transparenz und an Kontrollmechanismen schafft einen Nährboden für Korruption und Geschäfte, die nicht das öffentliche Interesse maximieren."[120] So haben offenbar

---

[120] *Land Grab or Development Opportunity? FAO, IIED and IFAD, 2009, http://www.fao.org/docrep/011/ak241e/ak241e00.htm, S. 7, abgerufen am 10.9.2009.*

Beamte in Äthiopien große Landstriche als unfruchtbar klassifiziert, um sie so leichter an Ausländer verkaufen zu können. Dazu kommt, dass die dann in großem Stil betriebene Landwirtschaft Auswirkungen auf die Umwelt hat. Der hohe Wasserverbrauch könnte die Versorgung der lokalen Bevölkerung gefährden, Erosion die Böden bedrohen.

Das sind die gleichen Phänomene, wie sie aus einem anderen Grund auch ein Beitrag der Arena-Analyse nennt: „Zusätzlich zum ´üblichen Flächenverbrauch´ müssen wir uns weiters auf Verkarstung, Erosion und Wassermangel aufgrund des Klimawandels einstellen.“ Dem Boden geht es, bildlich gesprochen, also an den Kragen.

Einige Regierungen haben in puncto Landverkauf aber schon die Bremse gezogen. Thailand lehnte im Juni 2009 ein Angebot mehrerer arabischer Staaten ab, in die Reisproduktion und die Viehzucht zu investieren. Die philippinische Regierung blockierte den Kauf von 1,2 Milliarden Hektar Land durch ein chinesisches Konsortium. Experten weisen darauf hin, viel käme auch auf die Art und Weise an, wie die Verträge tatsächlich umgesetzt werden; jene der Denkfabrik IFPRI wünschen sich einen international gültigen Verhaltenskodex. Demnach

- sollen Verhandlungen transparent sein und die lokalen Grundbesitzer einbeziehen.
- sind bestehende, auch gewohnheitsrechtliche Landansprüche zu respektieren.
- soll eher verpachtet als verkauft werden. Besser noch seien Verträge, bei denen Kleinbauern im Auftragsverhältnis auf ihren eigenen Feldern produzieren.
- soll der Landbau nachhaltig sein.
- müsste dieser Kodex auch in den Herkunftsländern der Investoren rechtlich eingefordert werden können.

Allein schon wegen der Zunahme der Weltbevölkerung scheint ein Trend sicher: Der Handel mit Lebensmitteln wird, ähnlich wie derjenige mit Öl, zunehmend durch die Knappheit des Gutes bestimmt. Man wird sich an Preisschwankungen und Versorgungsengpässe gewöhnen müssen. Einen ersten Vorgeschmack auf steigende Preise haben wir ja schon bekommen. Wenn sich diese Tendenz verstärkt: Werden die Konsumenten in der EU dann weiter auf Nahrung verzichten wollen, die mit Hilfe der Gentechnik produziert wurde?

Lösungen müssen sich jedenfalls auf die Anpassung an zukünftig steigende und verstärkt schwankende Preise konzentrieren.[121] Denn diese können sich für Schwellen- und Entwicklungsländer katastrophal auswirken; in Industrieländern führen sie zumindest zu Verärgerung über teurere Lebensmittel und dadurch höhere Inflation.

Land ist also knapp. Bisher lautete die Lösung für dieses Problem stets, Wälder zu roden. Hier geraten nun (siehe Thomas Friedman unter „Wenn in China ein Fahrrad umfällt") Armutsbekämpfer und Klimaschützer aneinander, aus deren Sicht Abholzung der völlig falsche Weg ist.

Energieverbrauch und Klimaschutz – wie geht das zusammen?

Da vor allem der Verbrauch von Energie in Form fossiler Brennstoffe sowie die Rodung von Wäldern zum Anstieg der für die Atmosphäre schädlichen CO_2-Emissionen führen, sind die Themen Energie und Klimaschutz kaum noch zu trennen. Dieser Tatsache hat, wie ein Teilnehmer der Arena-Analyse erwähnt, Großbritannien bereits Rechnung getragen, indem diese beiden Bereiche nun in einem Ministerium gebündelt sind.

---

[121] *Rudloff, Bettina: Klimawandel und Ernährungssicherheit. Stiftung Wissenschaft und Politik, Januar 2009, http://www.swp-berlin.org/common/get_document.php?asset_id=5656, abgerufen am 16.9.2009.*

Eine Befragte erwartet eine „Energiewende", und damit „eine tiefgreifende Veränderung, die in alle Lebensbereiche hineinwirken wird. Die Art wie wir arbeiten, uns fortbewegen, unsere gesamte Lebensweise wird sich verändern." In einem anderen Interview ist von einem „vollständigen Umbau der Systeme (Wirtschaft, Gesellschaft, Lifestyle)" die Rede, der notwendig sei. Das Motto „global denken, lokal handeln", funktioniere in Einzelfällen, aber nicht flächendeckend.

Die Internationale Energieagentur (IEA) mit Sitz in Paris, die ihre 28 Mitgliedsländer in Fragen der Energiepolitik berät, nennt im „World Energy Outlook 2008" Zahlen und Fakten.[122] Laut der IEA wächst der weltweite Energiebedarf bis zum Jahr 2030 jährlich um 1,6 Prozent, falls die Regierungen keine Maßnahmen setzen. 2030 läge der Energiebedarf damit um 45 Prozent höher als im Ausgangsjahr 2006. China und Indien verbrauchen demnach mehr als die Hälfte der zusätzlich benötigten Energie, und auch der Nahe Osten wird zum neuen Großabnehmer. Der Ölverbrauch steigt von 85 Millionen Fass pro Tag auf 106 Millionen. In absoluten Zahlen steigt aber die Nachfrage an Kohle am meisten an. In puncto Öl sei eines jedenfalls sicher, stellte der Chef der IEA Nobuo Tanaka fest: „Das Zeitalter des billigen Erdöls ist vorbei."[123]

Gleichzeitig, so warnt er, „würde der Ausstoß an Treibhausgasen unaufhaltsam steigen und der Welt möglicherweise einen globalen Temperaturanstieg von 6°C bescheren". Wollte man den Temperaturanstieg auf 3°C beschränken, müsste der Anteil an primären Energiequellen, die wenig oder keinen Kohlenstoff enthalten (d.h. Wasser- und Atomkraft, Biomasse und andere erneuerbare Energien),

---

[122] *http://www.worldenergyoutlook.org/docs/weo2008/WEO2008_es_german.pdf, abgerufen am 16.9.2009.*

[123] *http://www.iea.org/textbase/press/pressdetail.asp?PRESS_REL_ID=275, abgerufen am 16.9.2009.*

von 19 Prozent im Jahr 2006 auf 26 Prozent 2030 angehoben werden. Die Herausforderung, die Erwärmung bei 2°C einzudämmen, ist laut Tanaka noch viel größer. Dafür müsste der CO_2-Ausstoß ab 2020 stark fallen, und „wir würden eine konzertierte Aktion aller größeren Emittenten brauchen ... die OECD-Länder allein können das nicht".

Nicht von ungefähr also taucht in einem Interview zur Arena-Analyse die Forderung nach einem globalen System des Handels mit Rechten (Zertifikaten) auf die Emission von CO_2 bzw. anderen Treibhausgasen auf. Bisher existiert ein solches Handelssystem nur in der EU. In Australien und Neuseeland gibt es umfangreiche Vorarbeiten für die Einführung, die sich jeweils durch einen Regierungswechsel verzögert hat. Dass das US-Repräsentantenhaus im Juni 2009 ein Gesetz über saubere Energie beschloss, galt als gutes Vorzeichen dafür, dass bei der Weltklimakonferenz im Dezember 2009 ein globaler Plan gegen den Klimawandel beschlossen werden könne. Auch sah das US-Budget 2010 die ersten Einkünfte aus dem Verkauf von Emissionszertifikaten durch die Regierung vor. Zuvor hatte Präsident Obama die Einführung eines Handelssystems angekündigt. Mögliche Maßnahmen gegen den Klimawandel standen bzw. stehen freilich immer unter dem Vorbehalt, dass auch der US-Kongress zustimmt. In dem Beitrag zur Arena-Analyse heißt es weiter, ein globales Handelssystem könne auch in einen direkten Zusammenhang mit der Finanzierung der Millenniumsziele der UNO gestellt werden (also acht Entwicklungszielen, die im Jahr 2015 erreicht sein sollen). Damit wäre eine Brücke zwischen Klimaschutz und Armutsbekämpfung geschlagen.

Wie in der Analyse angesprochen wird, entwickelt sich die Klimaschutz-Diskussion auch auf Zahlungen für „Nicht-Naturzerstörung" wie etwa den Schutz der Regenwälder hin. Nach einigen Umweltschutzorganisationen schicken sich auch die Industrieländer an, dafür Geld bereitzustellen. Die Frage ist, ob sie genug dafür ausgeben wollen, wie ein Beispiel in Brasilien aufzeigt. José Marcolini, ein Bauer im Bundesstaat Mato Grosso

(„Dichter Urwald"), sagt: „Rundherum wird Soja angebaut, und um diesem Druck zu widerstehen, müsste man mir ziemlich viel zahlen".[124] Eine Organisation zum Schutz des Regenwaldes bietet ihm jährlich 30 Dollar für jeden Hektar, den er nicht abholzt – die Bewilligung dafür hätte er. Obwohl er, wie er sagt, lieber ein gutes Gewissen hätte und ihm die Umwelt nicht egal ist, geht für den Familienvater die Rechnung nicht auf: Der Sojaanbau ist hochprofitabel, und Marcolini könnte jeden Hektar um 1300 Dollar verkaufen. Da können die Klimaschützer nicht mit. Dabei wären durch einen Stopp der Abholzung 20 Prozent der weltweiten CO_2-Emissionen vermeidbar.

Klar ist, dass die Industriestaaten den Ländern des Südens finanziell helfen müssen, damit diese beim Klimaschutz mitmachen. Die Anreize für diese Hilfe aber richtig zu gestalten ist eine komplexe Aufgabe, und man betritt dabei Neuland. Möglich wären eben Direktzahlungen an Bauern wie José Marcolini, aber auch indirekte Subventionen wie höhere Preise für Soja und Fleisch, für dessen Produktion vorher nicht gerodet wurde. Der deutsche Klimaforscher Hans Joachim Schellnhuber meint, der Norden müsse erstens den raschen Übergang zu einer nachhaltigen Wirtschaftsweise vorleben. Zweitens aber müsse er insbesondere den Schwellenländern Kapital für eine „grüne Entwicklung" zur Verfügung stellen, und zwar in der Größenordnung von 100 bis 200 Milliarden Euro pro Jahr: „Das ist das Preisschild, das an einer Klimastabilität klebt. Hört sich teuer an, aber eine ungebremste Erderwärmung könnte uns sogar alles kosten, was uns lieb ist."[125] Nebenbei sei auch zu fragen, welche

---

[124] *Rosenthal, Elisabeth: „In Brazil, Paying Farmers to Let the Trees Stand". New York Times, 22.8.2009, http://www.nytimes.com/2009/08/22/science/earth/22degrees.html, abgerufen am 17.9.2009.*

[125] *„Manchmal könnte ich schreien". Die Zeit, 26.3.2009, http://www.zeit.de/2009/14/DOS-Schellnhuber, abgerufen am 17.9.2009.*

Summen in der Finanzkrise zur Stützung der Banken aufgebracht worden seien.

Obwohl der Klimawandel natürlich ein globales Phänomen mit Auswirkungen ist, die wir noch längst nicht alle spüren, hat er auch regional begrenzte und schon klar sichtbare Effekte. Ein Beitrag der Arena-Analyse weist darauf hin, dass sich Krankheiten wie Malaria oder die von Zeckenbissen verursachte Frühsommer-Meningoenzephalitis (FSME) ausbreiten. Deshalb müssten aktuelle Regelungen analysiert, überprüft und gegebenenfalls adaptiert werden.

Zurück zum Thema Energie. Unter dem Aspekt „reale Umsetzung von Nachhaltigkeit“ heißt es in der Analyse auch, die Diskussion über das Energiesparen müsse sich stärker zu einer solchen über neue Formen der Energiegewinnung wandeln. Dazu gehörten Fragen, wo das jeweilige Land verstärkt erneuerbare Energieträger verankern könnte oder wo sich Cluster zur besseren Entwicklung von solchen bilden sollten. Weil aber Energieabhängigkeit sowie Knappheit zunehmen und der Klimawandel schwer zu bekämpfen ist, tippen mehrere Befragte auf eine Renaissance der Atomkraft. Besonders Österreich, so wird festgestellt, „hat sich hier ein Loch gegraben, aus dem es nicht mehr heraus kommt. Die Frage ist nun, ob das Loch – sprich: die Binnensicht – größer wird oder ob sich ein Weg zu einer konstruktiven Diskussion ergibt“. Es werde heftiger diskutiert werden, welcher Energiemix angebracht sei.

Laut Hans Joachim Schellnhuber könne die Atomenergie, wenn man sie allein aus Klimaschutzsicht betrachte, eine temporäre Brückenfunktion übernehmen; „ob man allerdings die damit verbundenen Risiken und Nebenwirkungen akzeptieren möchte, ist eine rein politische Entscheidung.“[126] Als pauschale Lösung für das Klimaproblem seien die

[126] *Ebda.*

Möglichkeiten der Atomenergie jedenfalls zu begrenzt, und ein kräftiger Ausbau auch außerordentlich teuer.

Der Klimaforscher denkt auch in größeren Zusammenhängen. Wenn die Nachkriegszeit politisch mit dem Fall der Berliner Mauer geendet habe, so sei dies in sozioökonomischer Hinsicht mit dem Finanz-Crash geschehen. Die Herausforderung bestehe nun darin, die Weltwirtschaft neu zu programmieren und dabei die ohnehin nur angebliche Trennung von Ökonomie und Ökologie aufzuheben. Entscheidend sind dabei für Schellnhuber eine „drastisch erhöhte Energieeffizienz, Elektromobilität, Ultrahochgeschwindigkeitssysteme für die Schienenfracht, intelligente Netze zur Integration verteilter erneuerbarer Energiequellen, Solarstrom aus der Sahara, Energietürme mit kombinierter Wasserentsalzung, Kohlenstoffspeicherung und und und …“. Die Pläne für neue Pipelines aus Ost und Süd nach Europa sind für ihn „manisch“, da die entsprechenden Gasfelder in 30 Jahren vielleicht schon erschöpft seien. Investitionen in einen europäisch-afrikanischen Solarstromverbund hingegen hält er hingegen für zukunftsträchtiger, wobei auch viele hochwertige Arbeitsplätze entstünden.

Die Erkenntnis aus der Arena-Analyse, dass die Diskussionen über den richtigen Energiemix bzw. die richtigen Energiequellen heftiger ausfallen werden, zeigt sich schon an dem von Schellnhuber befürworteten Desertec-Projekt. Ziel dieser Initiative ist es, in Wüstenregionen künftig Strom in solarthermischen Kraftwerken zu produzieren. Die Energie soll über Gleichstrom-Hochspannungsnetze nach Europa transportiert werden. Ein Konsortium aus zwölf Unternehmen, darunter die Münchner Rück, Siemens, E.on, RWE und die Deutsche Bank, kündigten für Oktober 2009 die Gründung einer Planungsgesellschaft an, die bis 2012 umsetzungsfähige Investitionspläne erstellen soll. Bis 2050 sollen dann 15 Prozent des europäischen Energiebedarfs umweltfreundlich eben mit Hilfe von Solaranlagen in Nordafrika oder im Nahen Osten gedeckt werden. Das Projekt, das visionär wirkt und deshalb manchmal mit dem

Apollo-Mondlandeprogramm verglichen wird, hat viele Unterstützer: In der deutschen Politik CDU, SPD und Grüne, aber auch die Ökoaktivisten von Greenpeace und nicht zuletzt die EU-Kommission. Der wesentliche Anteil von geschätzten 400 Milliarden Euro an Kosten wird aber von Privatunternehmen aufgebracht werden müssen.

An diesem Punkt haken die Kritiker ein. Desertec sei eine Fata Morgana, sagt etwa – entgegen der Parteilinie – der SPD-Abgeordnete und Experte für erneuerbare Energien Hermann Scheer. Der Gesamtaufwand des Projektes sei kaum kalkulierbar, und die Unwägbarkeiten seien zu groß: Die regelmäßig vorkommenden Sandstürme könnten die Anlagen zerstören, überhaupt seien die Materialkosten aufgrund der stetigen Abnutzung in der Wüste sehr hoch. Klar ist auch, dass Solarstrom derzeit noch etwa 18 Cent pro Kilowattstunde kostet, konventioneller Strom aber nur 2,5 bis fünf Cent. Wer ist bereit, kräftig Geld in solarthermische Kraftwerke zu investieren, solange diese noch unwirtschaftlich sind? Zunächst blieb unklar, wer wirklich wie viel Kapital einschießt. Manche Desertec-Mitglieder treten sogar selbst auf die „Euphoriebremse“:[127] Bei dem Projekt rede man nicht von übermorgen, sondern von überübermorgen; Kohle und Kernenergie seien auch in Zukunft nötig. „Im Klartext: Siemens will auch in Zukunft Atommeiler bauen, RWE Kohlekraftwerke betreiben und E.on die Laufzeit seiner Kernkraftwerke verlängern – Wüstenstrom hin, Desertec her.“[128] Scheer hingegen fordert, weiter und auch mehr in die Produktion von erneuerbaren Energien in Deutschland zu investieren.

---

[127] *Vorholz, Fritz: „Das Gold der Wüste“. Die Zeit, 9.7.2009, http://www.zeit.de/2009/29/Strom-aus-der-Wueste, abgerufen am 18.9.2009.*

[128] *Ebda.*

Ressourceneffizienz: Aus weniger genauso viel machen

Wenn Rohstoffe knapper werden, kann es nicht nur darum gehen, wie man sie auch weiterhin produziert bzw. wo man sie erhält. Es muss auch gefragt werden, ob es möglich ist, mit weniger davon auszukommen, sie also effizienter zu verwenden.

„Ressourcen werden noch zu wenig in Lebenszyklen gedacht und verplant", stellt ein an der Arena-Analyse teilnehmender Umweltexperte fest. Man werde für Rohstoffe, seien sie erneuerbar oder nicht, zunehmend Lebenszyklusanalysen anstellen – also zunächst untersuchen, welche Auswirkungen allein ihre Förderung hat. Denn immer öfter werden Rohstoffe in nur niedrigen Konzentrationen (Teersand!) oder in ökologisch sehr sensitiven Gebieten (z.B. der Polarzone) gewonnen. Weiters betrachtet eine solche Analyse, welche Folgen jede einzelne Verwendungsstufe eines Rohstoffes zeitigt. So kann man dem Umwelt-experten zufolge etwa erkennen, ob es in manchen Fällen nicht besser ist, mit (weniger knappen) Substitutionsstoffen zu arbeiten. Es gehe auch darum, ein besseres Stoffflussmanagement zu erreichen: „Man wird mehr darüber nachdenken, wie zum Beispiel ein Auto entworfen werden muss, damit es am Ende seiner Verwendungszeit leichter demontiert werden kann und man dabei möglichst reine Rohstoffe erhält." Diese Entwicklungen beträfen natürlich sehr viele Unternehmen, und zwar sowohl die Rohstoffe fördernden als auch die verarbeitenden.

„Für die künftigen Wachstumschancen und die Wettbewerbsfähigkeit von Unternehmen ist die Frage der Ressourceneffizienz nicht nur eine Frage der Kosten. An ihr entscheidet sich auch, wie die Firmen sich in dynamischen, sich stetig verändernden Märkten strategisch positionieren", stellt Christa Liedtke vom Wuppertal Institut für Klima, Umwelt, Energie fest, die über nachhaltiges Produzieren und

Konsumieren forscht.[129] Sie zitiert die Ergebnisse einer Szenariostudie aus dem Jahr 2005[130], der zufolge eine lineare Absenkung der Material- und Energiekosten um 20 Prozent in Deutschland etwa 700.000 neue Arbeitsplätze brächte. (Arbeitsplätze, die im verarbeitenden Gewerbe verloren gingen, würden durch neue Jobs im Dienstleistungssektor deutlich überkompensiert.)

Abschätzende Wirtschaftssimulationen des Wuppertal Instituts, die sowohl die direkten als auch indirekten Wirtschaftsbeziehungen zwischen den Sektoren berücksichtigen[131], zeigen laut Liedtke: Gerade die Branchen, in denen der Mittelstand stark vertreten ist, könnten überdurchschnittlich stark wachsen, sofern die Ressourceneffizienz steigt. Da die Struktur des Finanzsystems nach der Krise reformiert werden müsse, komme es darauf an, diese Reformen mit einer auf zukünftige Märkte orientierten Klimaschutz- und Ressourceneffizienzstrategie zu verbinden: In der Kreditvergabe, im Berichtswesen und im Risikomanagement werde die Frage der Ressourcen- und Materialeffizienz von Unternehmen und Produkten eine prominentere Rolle einnehmen.

Als Beispiel dafür, wie Anreize für ressourcenleichtere Produkte und Dienstleistungen aussehen können, verweist Liedtke auf das japanische „Toprunner"-Modell. Unternehmen orientieren sich darin immer am

---

[129] *Liedtke, Christa: „Chancen für Ressourcensparer". Zeit Online, 1.3.2009, http://www.zeit.de/online/2009/03/new-green-deal-mittelstand, abgerufen am 18.9.2009.*

[130] *„Ressourcenproduktivität als Chance – Ein langfristiges Konjunkturprogramm für Deutschland". Aachener Stiftung Kathy Beys, http://www.aachener-stiftung.de/uploads/media/konjunkturprogramm_ressourcenproduktivitaet.pdf, abgerufen am 18.9.2009.*

[131] *http://www.ressourcenproduktivitaet.de/1/index.php?main=8&call=Projektergebnisse , abgerufen am 18.9.2009*

effizientesten Produkt. Um dessen Standard zu erreichen, haben sie eine bestimmte Zeit zur Verfügung. Gelingt es ihnen nicht, gleichzuziehen, verschwinden die Waren oder Dienstleistungen als zu ressourcen- und kostenschwer vom Markt.

Neben der unternehmerischen komme aber auch die politische Ebene mit ins Spiel, meint der bereits zitierte Umweltexperte. Er verweist auf die Initiative von Frankreichs Präsident Nicolas Sarkozy, der den Ökonomen Joseph Stiglitz, Amartya Sen und Jean-Paul Fitoussi den Auftrag gab, darüber nachzudenken, wie der Wohlstand eines Landes auf eine Art zu messen sei, die sich anders als das Bruttoinlandsprodukt nicht auf das Wirtschaftswachstum beschränkt. Der Bericht, den die „Kommission über die Messung wirtschaftlicher Performance und sozialen Fortschritts" im September 2009 vorlegte[132], empfiehlt unter anderem, die wirtschaftlichen Auswirkungen von Nachhaltigkeit in die Statistiken einzubeziehen. Mitglied dieser Kommission war auch der Brite Nicolas Stern, der 2006 eine Studie über den Klimawandel vorlegte.[133] Darin zeigte Stern, dass Wirtschaftswachstum nur dann gut für ein Land ist, wenn die Umwelt dadurch nicht zerstört wird, weil dies sonst das künftige Wachstum einschränkt. Nachhaltigkeit sei damit ein nicht zu unterschätzender Faktor für das Wohlergehen einer Nation.

Der Teilnehmer an der Arena-Analyse verweist dann aber auch darauf, dass die politische mit der gesellschaftlichen Ebene zusammenhänge. Ressourceneffizienz verlange eine Änderung des gesamten Lifestyles – etwa des Wohnens oder des Reiseverhaltens. „Wie kann die Politik in diesem Bereich aber Änderungen vorantreiben, wenn schon

---

[132] *Fitoussi, Jean-Paul, Amartya Sen und Joseph Stiglitz: Report by the Commission on the Measurement of Eonomic Performance and Social Progress, http://www.stiglitz-sen-fitoussi.fr/documents/rapport_anglais.pdf, gesehen am 30.9.2009.*

[133] *Stern Review Report on the Economics of Climate Change. http://www.hm-treasury.gov.uk/stern_review_report.htm, gesehen am 30. September 2009.*

Energiesparlampen einen riesigen Aufschrei verursachen?“, fragt er sich. Noch sei hier offen, wer wofür wie weit verantwortlich sei.

Projektdesign oder Das Problem des Kairos

Entscheidungen brauchen valide Entscheidungsgrundlagen, die zudem zur rechten Zeit vorliegen müssen. Das ist scheinbar selbstverständlich, und doch agieren tagtäglich Entscheidungsträger in Chefetagen aus Arroganz oder aus Unvermögen freihändig und planlos. Unter dem Strich werden so Ressourcen verschwendet und Gelegenheiten vergeudet.

Die griechische Mythologie kannte für das Selbstverständliche einen eigenen Gott. Kairos, dem Gott des günstigen Zeitpunkts, dem jüngsten Sohn des Zeus und damit einem Enkel des Kronos, war die Zeit heilig. Dargestellt wurde er mit Flügeln an den Füßen und einem Schwert, mit üppiger Lockenpracht auf der Stirn und kahlem Hinterkopf. Jedes dieser Attribute ist ein Symbol: Der Gott des günstigen Zeitpunkts eilt ständig und trennt mit dem Schwert haarscharf Erfolg vom Misserfolg. Wer zupackt, wenn Kairos ihm die Stirn zuwendet, kann diese personifizierte Gelegenheit buchstäblich „beim Schopf packen". Doch wehe, wenn er vorbei gegangen ist: Dann greift man an Kairos´ glattem, kahlen Hinterkopf ins Leere.

Die gute Nachricht ist, dass man für vorausschauende Entscheidungen gar nicht in die Zukunft sehen können muss. Strategische Früherkennung ist vielmehr auf Basis des jeweils aktuellen Wissensstandes möglich. Zu beachten ist allerdings, dass diese Informationen erst analysiert werden müssen. Dazu kann man sich eine Eigenschaft von Issues zu Nutze machen. Der Begriff Issue hat keine genaue deutsche Entsprechung; das Wörterbuch bietet die Definition „wesentlicher Punkt" oder auch „Streitfrage" an. In unserem Fall sind Issues jene Themenkomplexe und Probleme, um die es in der Früherkennung geht.

Issues durchlaufen immer einen Lebenszyklus: Sie haben eine Entwicklungsgeschichte, die sich über einen Zeitraum von vielen Jahren erstrecken kann. Damit ein Sachverhalt zum Issue wird, muss er von

Interessensgruppen aufgegriffen werden. Weniger abstrakt ausgedrückt bedeutet das: Es finden sich Personen, die erkennen, dass unterschiedliche Positionen zu diesem Sachverhalt möglich sind. Am Anfang sind das vielleicht nur wenige. In der folgenden Zeit beschäftigen sich Experten, also Insider, mit dem Problem. In dieser Zeit kann es auch schon vereinzelte Berichte in Publikumsmedien geben, doch die Medienlandschaft kann mit dem neuen Issue noch nicht viel anfangen: zu abstrakt, zu sachlich ist die Diskussion. Es fehlt noch an Konfliktparteien, am Verständnis, am dramatischen Aufhänger oder an allem davon.

Den Eingeweihten ist zu diesem Zeitpunkt längst klar, dass hier ein Problem von höchster Brisanz vorliegt. Sie haben auch schon diverse Lösungsmodelle ausgearbeitet.

Dieser Lebenszyklus von Issues lässt sich in der Praxis oft beobachten, wenn auch meistens nachträglich. Wann immer etwas passiert – ein Skandal platzt, ein katastrophaler Unfall geschieht – finden sich Personen, die davon berichten, dass das dahinterstehende Problem schon bekannt war und auch seine Tragweite erkannt wurde. Aber dann wurde doch die Wahrscheinlichkeit unterschätzt, dass die Gefahr tatsächlich schlagend werde. Oder beharrende Kräfte haben eine Problemlösung verhindert. Diese Personen sind keine marktschreierischen Besserwisser (wie sie sich nach Schadensfällen auch einfinden), sondern erfahrene Mitarbeiter: Menschen, die mit der Sachlage bestens vertraut waren. Bei gesellschaftlich und politisch relevanten Themen gehören auch hochrangige Politiker und Politikberater zu den Insidern und Experten. Trotzdem erhalten die Issues noch keinen hohen Stellenwert auf der politischen Agenda. Dieser ist für die Problemlösung auch nicht unbedingt erforderlich. Der geringe Stellenwert erschwert oder verhindert aber die Durchsetzung von Lösungen gegen bestehende Widerstände.

Der Lösungsansatz für die strategische Früherkennung heißt also: Sich bei den Insidern umhören. Genau dies tut die Arena-Analyse, in der gefragt wird: Welche Themen, Stakeholder und Risiken sind bereits relevant?

Im Englischen gibt es den Begriff der „public arena" für das politische und gesellschaftliche Umfeld. Im Kontext mit Public Affairs Management verwendet Rinus van Schendelens (Erasmus Universiteit Rotterdam) den Begriff der „arena analysis", der damit eine qualitative Untersuchung der Issues, Stakeholder und Risiken einer Situation bezeichnet, allerdings mit dem Begriff keine definierte Methodik verbunden hat[134]. Peter Köppl führt den deutschen Begriff Arena-Analyse ein[135]. Von Kovar & Köppl wurde der Begriff in der Folge für einen von uns definierten und gemeinsam mit Peter Hajek Public Opinion Strategies in den letzten Jahren weiterentwickelten Prozess der Umfeldanalyse übernommen. (Der deutsche Begriff der Umfeldanalyse war zuvor zu oft als Umwelt-analytik missverstanden worden.)

Basis für die Arena-Analyse sind Experteninterviews. In der Schrittfolge des Risikomanagements werden auf Grundlage der Interviews Issues identifiziert, dann erst bewertet und anschließend Maßnahmen entwickelt. Versuche mit diversen Methoden der Risikoidentifikation haben uns gezeigt, dass offene Interviews, Focusgruppen und Brain-stormings mit Fachleuten für das Erkennen von politischen, administrativen und gesellschaftlichen Risiken bzw. technische und wirtschaftliche Risiken mit politischen Effekten unser bevorzugtes Mittel sind.

---

[134] *van Schendelen, Rinus; Machiavelli in Brussels: The Art of Lobbying the EU; Amsterdam University Press, Amsterdam 2002*

[135] *Köppl, Peter; Arenaanalyse/Umfeldanalyse; in Handlexikon Public Affairs; Marco Althaus, Michael Geffken, Sven Rawe (Hg.); Lit Verlag, Münster 2005*

Für die vorliegende Studie fanden mehrere Interviewrunden statt. Befragt wurden im Sommer 2009 und im Herbst 2008 Expertinnen und Experten aus Deutschland und Österreich sowie einige Personen aus der Schweiz, im Herbst 2007 und im Sommer 2006 waren es Experten aus Österreich. Bei der jährlichen Festlegung der genauen Befragungszeiträume wurden Ereignisse wie nationale Wahlen berücksichtigt, um dem Einfluss politischer Kampagnen in der heißen Wahlkampfphase auszuweichen.

Bei der Auswahl der Interviewpartner wurden folgende Kriterien berücksichtigt:

- Die Experten sollen in Summe alle politischen Ressorts abdecken.
- Sie verfolgen unterschiedliche Denkrichtungen und vertreten unterschiedliche gesellschaftspolitische Positionen.
- Sie sind in der Beobachtung und Interpretation politischer Entwicklungen erfahren.
- Es liegt ein Generationenmix von jungen, aber schon erfahrenen Professionals bis zu „outgoing persons" vor.
- Die Experten verfügen bei aller parteipolitischen Präferenz oder Funktionsbindung über Souveränität im Denken. Daher wurden keine Parteistrategen, Wahlkämpfer und aktive Politiker befragt, bei denen interessensgesteuerte Antworten nicht unwahrscheinlich wären.

Gefragt wurde – mit einen Zeithorizont von vier Jahren – nach Themen, die trotz hoher realer Bedeutung in der Diskussion noch zu kurz kommen oder bei denen der Befragte erwartet, dass sie innerhalb dieser Zeitspanne eskalieren. Die Suche richtete sich nach den Issues, den Ursachen dahinter und nach potenziellen Auswirkungen. So wurde im Sommer 2009 folgende Frage verschickt:

„Zu folgenden Fragestellungen interessiert uns Ihre persönliche Einschätzung:

1. Welches sind aus Ihrer Sicht Themen, über die in den Medien derzeit noch kaum berichtet wird, die aber so wichtig oder so drängend sind, dass sie in den nächsten vier Jahren zwangsläufig öffentlich diskutiert werden? Gibt es Ihrer Meinung nach Themen, die derzeit noch nicht auf der politischen Agenda stehen, welche aber aufgrund ihrer Wichtigkeit dort bereits behandelt werden sollten?

2. Wie stellt sich bei jedem dieser Themen die jeweilige Problematik dar? Was sind Ihrer Einschätzung nach die konkreten Hintergründe und erkennbaren Ursachen hinter diesen Themen?

3. Welche plausiblen Szenarien können Sie sich im Zusammenhang mit den genannten Themen vorstellen?“

Mit den befragten Personen wurde vereinbart, dass die Interviewbeiträge nur in anonymisierter Form publiziert werden. Zwar werden die Namen der Teilnehmer genannt, ebenso deren Funktion oder die Organisation, für die sie (zum Zeitpunkt des Interviews) tätig sind, aber es erfolgt keine konkrete Zuordnung einzelner Aussagen zu einzelnen Personen. Durch diese Trennung wurde sichergestellt, dass die Teilnehmer ihre Beobachtungen und Überlegungen sehr offen aussprechen können, ohne befürchten zu müssen, dass Aussagen unter ihrem Namen – womöglich sogar aus dem Zusammenhang gerissen – zitiert werden. Zugleich ist für die Leser der Studie ersichtlich, welche Expertisen, welche Persönlichkeiten, Qualifikationen und wissenschaftlichen Disziplinen vertreten sind.

Bei der Auswertung wurden die Themen nach Wirkungszusammenhängen geclustert (gebündelt). Selbstverständlich haftet dieser Zusammenfassung in Cluster ein gewisses Moment der Willkür an, sie ist ein ordnender Zugriff zum Zwecke der Reduktion von Komplexität. In der Realität bestehen zwischen vielen Aspekten multiple funktionale

Zusammenhänge, sodass die Cluster niemals trennscharf sind und sich manche kausale Ketten quer über mehrere Problemgruppen verfolgen lassen. Dennoch lassen sich in den Interviews klar definierte, immer wiederkehrende Problemkreise erkennen. Zu den Issue-Clusters wurde punktuell nachrecherchiert; auch wurden ergänzende Gespräche geführt sowie Diskussionsrunden mit weiteren Experten veranstaltet. Von den Autoren wurden die gesammelten Ergebnisse diskutiert, interpretiert und in den fünf beschreibenden Artikeln dieses Buches aufbereitet.

Aufbauend auf den Ergebnissen dieser 360°-Analyse ist es möglich, für konkrete Fragestellungen oder die Situation eines bestimmten Unternehmens weitere Auswertungen durchzuführen. Wir würden es sehr begrüßen, wenn der vorgelegte Bericht nicht nur Denkanstöße liefert, sondern spezifische Überlegungen für die Arbeit von Unternehmen oder politischen Organisationen nach sich ziehen würde. So könnte die Entwicklung von Entscheidungsgrundlagen und auch vorausschauendes Handeln unterstützt werden, um öfter günstige Gelegenheiten beim Schopf zu packen!

So what?
Schlussfolgerungen und Empfehlungen für Unternehmen

Ermutigen Sie Ihre Mitarbeiter, sich politisch zu engagieren. Investieren Sie in Bildung. Suchen Sie sich Geschäftspartner in China, Brasilien oder einem anderen rohstoffreichen Land. Lassen Sie sich auf jede nur denkbare ethische Diskussion über Ihr Unternehmen ein. Verzichten Sie freiwillig auf Ihren Bonus.

Ist das jetzt die Quintessenz aus dem langen Aufklärungsflug über die politische Arena? Sind das die Konsequenzen, die ein Unternehmen, eine Organisation aus den Erkenntnissen der Experten ziehen soll? Was kann denn am besten getan werden – jetzt, wo so viele „emerging issues" dingfest gemacht wurden, so viele mögliche Entwicklungen von morgen in ihrer Frühphase gescreent wurden?

Immerhin liefert die Arena-Analyse etwas, das Manager für ihre Entscheidungen nur selten in ausreichendem Maße vorfinden, nämlich Orientierung. Daten und Materialien sind immer im Überfluss vorhanden. Was fehlt, sind Informationen zur Lage und zur Dynamik. In solchen Situationen Mut zur Lücke zu zeigen und auf Basis unvollständiger Fakten zu entscheiden, ist zwar auch eine Leistung, für die Manager bezahlt werden, eine solide Entscheidungsgrundlage wäre aber allemal besser. Besser für das Ergebnis, besser für eine retrospektive Beurteilung der Performance.

Wie also können auf Basis der Interviewergebnisse der Arena-Analyse Schlussfolgerungen für Entscheidungen in Unternehmen, in Verbänden, in anderen Organisationen bis hin zu Projektorganisationen gezogen werden? Lassen sich aus den Ergebnissen unternehmensunabhängige Empfehlungen ableiten? Können diese Aussagen im Hinblick auf die Unternehmensfunktionen Oberste Leitung, Finanzmanagement,

Marketing oder Personal spezifiziert werden? Lassen sich kürzerfristig erwartbare Effekte für die Entwicklung unseres Werte- und Normensystems, für Bildung, Kultur oder Ökonomie identifizieren?

Diese Fragen sollen in zwei Schritten beantwortet werden: Zunächst geht es um die Frage, wie das Instrument der Arena-Analyse für Unternehmen genutzt werden kann – also um Prozesse und grundlegende Strategien.

Danach sollen aus der Sicht einiger zentraler Unternehmensfunktionen ganz konkrete Schlüsse aus den Antworten der Experten, die diesem Buch zugrunde liegen, gezogen und aufgelistet werden.

Die Bedeutung der Arena-Analyse für Unternehmen

Organisationen agieren nicht auf der „grünen Wiese“. Im Gegenteil: Sie stehen unter dem Einfluss von vielfältigen wirtschaftlichen, gesellschaftlichen und politischen Rahmenbedingungen, die ihrer Tätigkeit Regeln und Grenzen vorgeben. In stabileren Perioden erscheinen diese Rahmenbedingungen konstant. Modelle solcher Systeme werden als *Steady state* bezeichnet, weil Veränderungen nicht einberechnet werden, die äußeren Einflüsse werden dabei als selbstverständlich und unveränderlich – oder oft gar nicht – wahrgenommen. Man hat sich eben auf die Situation eingerichtet. Bei Umbrüchen oder durch Reformen kommen die Grenzen in Bewegung. Unternehmen sind gezwungen, sich mit diesen Veränderungen auseinanderzusetzen. Entwicklungen werden beobachtet, antizipiert oder mitgestaltet.

Die europäischen Erweiterungsschritte und Integrationsbestrebungen, Marktöffnungen und zunehmender Freihandel, Fusionen und Internationalisierungen haben Veränderungen in diesem Sinn bewirkt, auf die es zu reagieren gilt. Viele Unternehmen in Mitteleuropa beschäftigen sich daher, auf die Dynamik reagierend, mit den Public, European und International Affairs, quasi der „Außenpolitik“ ihrer Organisationen.

Innerhalb der letzten zwei Jahrzehnte wurden in deutschen, Schweizer und österreichischen Unternehmen spezifische Public Affairs Einheiten geschaffen oder strategische Einheiten, Rechts-, Regulierungs- und Kommunikationsabteilungen weiterentwickelt und aufgerüstet. Tatsächlich ist im Bereich Public Affairs in Mitteleuropa ein Rüstungswettkampf entstanden, der im angelsächsischen Raum seit Jahrzehnten bekannt ist und dem sich größere Unternehmen auch bei uns auf Dauer nicht entziehen können.

Um handlungsfähig zu sein, brauchen Unternehmen Informationen über ihr politisches und gesellschaftliches Umfeld, die sie aus der Beobachtung von relevanten Meinungsbildungsprozessen, politischen Entwicklungen und Gesetzgebungsverfahren von der politischen Idee bis zur Umsetzung fertiger Regelungen ziehen. Bei diesen Issues zählen nicht nur akute Ereignisse, die dann in der medialen Berichterstattung auftauchen. Im Gegenteil, die aktuellen Medienberichte liefern zwangsläufig nur ein unvollständiges Bild der Vergangenheit, quasi den Blick in den verzerrenden Rückspiegel. Public Affairs Management auf dieser Informationsbasis kann nur zu spät kommen, kann im besten Fall mit einem enormen Ressourcenaufwand schon entstandenen Schaden eindämmen. Auch das ist wichtig, aber nicht effizient.

Um bei wesentlichen Fragen rechtzeitig zu agieren, kann man sich den Umstand zunutze machen, dass sich politische und gesellschaftliche Prozesse immer über längere Zeiträume entwickeln. Relevante Issues werden praktisch immer bereits für einige Zeit unter Experten und Insidern diskutiert, bevor sie eskalieren und für Unternehmen als Risiko schlagend werden können.

Auf diesem Prinzip baut die strategische Früherkennung und damit auch diese Arena-Analyse auf. Wenn die frühen Indikatoren eines Phänomens beobachtet werden, dann lassen sich auch für komplexe Prozesse über kurze Zeiträume die nächsten möglichen Entwicklungen vorhersagen: Formale politische Prozesse halten sich überwiegend an genau definierte Fahrpläne. Bei vielen Playern sind, aufgrund ihres limitieren Handlungsspielraums, die zu erwartenden Reaktionen auf Input gut zu prognostizieren. Man braucht für diese Fragen keine Trend-Scouts und keine Zukunftsforschung. Die Informationsquelle ist die Analyse, womit sich Experten derzeit weitgehend unbeachtet von der breiten Öffentlichkeit beschäftigen.

Welches Set an Informationen über das Umfeld kann prinzipiell bereitgestellt werden?

- Input zu aktuellen Issues, die unter Umständen Sofortmaßnahmen erfordern, damit Chancen ad hoc genutzt oder Gefahren abgewehrt werden können. Das Unternehmen muss organisatorisch in der Lage sein, diese Informationen zu nutzen. Bei falscher Prioritätensetzung konsumieren diese Aktivitäten Ressourcen, die für vorsorgende oder strategische Maßnahmen fehlen. Das Unternehmen läuft Entwicklungen nach und kommt doch ständig zu spät.
- Unternehmensbezogene und branchenspezifische Informationen über das Umfeld, abseits der massenmedialen Berichterstattung, können von Unternehmen mit funktionierendem Public Affairs Management (in der Form einer Querschnittsfunktion und mit spezialisierten Funktionsträgern) großteils erkannt werden. Die erforderliche Expertise und Anbindung an Informationskanäle ist in entwickelten Unternehmen vorhanden. Ergänzend bedarf es des Blicks von außen, der mit Stakeholder-Interviews, Befragungen oder Focusgruppen erhoben werden kann. Wesentlich ist, dass das Unternehmen in puncto Organisation, Kommunikation und Ressourcen in der Lage ist, diese Informationen verwerten zu können, um damit die unternehmensspezifische politische Arena zu analysieren. Dabei geht es auch darum, Barrieren zu beseitigen, die Unternehmen daran hindern, Signale aus dem Umfeld zu verwerten. Eine auf das unmittelbare Umfeld gerichtete Beobachtung kann sich naturgemäß nur auf eine oder einige wenige Branchen und politische Ressorts fokussieren.

Querverbindungen und Entwicklungen in anderen Bereichen werden so leicht übersehen. Beispielsweise können Energieversorger plötzlich damit konfrontiert sein, dass Entwicklungen im Telekomrecht für sie von enormer Relevanz werden, sie diese aber in ihrer Beobachtung zunächst nicht am Radar hatten.

- Die Informationen über die generelle politische Arena, in der eine Organisation tätig ist, sind ebenso vorhanden, jedoch verstreut und daher schwerer zugänglich. Ziel der vorliegenden Studie ist nicht mehr und nicht weniger als eine Identifikation dieser generellen politischen Informationen. Für ein konkretes Unternehmen gibt es Belege für Themen, die schon heute hohe politische Relevanz haben und die nach Einschätzung der befragten Experten das Potenzial haben, um innerhalb weniger Jahre zu eskalieren. Dann erhalten sie auch in der öffentlichen politischen und medialen Auseinandersetzung einen hohen Stellenwert und lösen damit Veränderungen aus. Dieser Rundumblick liefert somit Hinweise auf Veränderungen. Ob daraus für ein Unternehmen Chancen oder Gefahren entstehen, liegt zum Teil in der Hand des Managements. Wahrscheinlich wichtiger als diese Denkanstöße ist der Gesamtblick, wie von einem erhöhten Standpunkt aus. Die Gefahr besteht nämlich nicht nur darin, Wesentliches zu spät zu erkennen, sondern auch in der Reaktion auf beobachtete Entwicklungen. Es kann zu gefährlich falschen Entscheidungen führen, wenn neue Probleme mit den Vorstellungen von gestern und ohne Gefühl für die tatsächlichen Hintergründe interpretiert werden. Es geht also darum, aufkommende Issues quasi durch die richtige und nicht durch eine veraltete Brille zu betrachten, um adäquate Problemlösungen zu entwickeln.

Die Sammlung dieser sich ergänzenden drei Sichtweisen – der Blick auf aktuelle Entwicklungen, der Blick von innen und der Blick von außen – sind das Ausgangsmaterial für eine vollständige Analyse der politischen

Arena. Wie kommt man aber zur richtigen Prioritätensetzung und zu Konzepten?

Bewährt hat sich die Aufbereitung des Materials in Szenarien. Mit Szenarien können Risiken und Chancen angedacht werden. Damit werden plastischere Bilder von Entwicklungen geschaffen, die zwar bereits in Gang kommen, deren Auswirkungen aber in der Praxis noch nicht sichtbar wurden. Dazu gilt es, Eintrittswahrscheinlichkeiten in die Betrachtung einzubeziehen und die als sicher anzunehmenden von den lediglich plausiblen und diese wieder von den eher unsicheren (aber gleichwohl bedeutenden) nächsten Entwicklungen zu unterscheiden. Um es an einem einfachen Beispiel zu illustrieren: Auf ein Grünbuch der Europäischen Kommission folgen mit Sicherheit weitere Dokumente, die ebenso mit Sicherheit zu Diskussionen auf einzelstaatlicher Ebene führen. Ein anderes Beispiel: Hohe staatliche Verschuldung führt garantiert zu einer restriktiveren Budgetpolitik, so wie das in den nächsten Jahren zu erwarten sein wird. Wie werden jedoch hoch ausgebildete junge und damit mobile Menschen auf die Begehrlichkeiten der Vertreter der Rentner reagieren? Wie werden Menschen reagieren, die jahrelang versucht haben, durch Arbeit, Fleiß und Sparsamkeit (sprich: das Hinausschieben von Konsumwünschen) ihre Zugehörigkeit zum Mittelstand abzusichern, wenn die Arbeitslosigkeit steigt und damit der soziale Abstieg konkret wird? Die Folgen solcher Entwicklungen auf die Bildung, die Kultur, den Wertewandel und die Gesetzgebung oder auf die Wirtschaft können in Szenarien durchdacht werden.

Die Stärke der Auswirkungen solcher neuen Situationen lassen sich von den Mitarbeitern in Unternehmen und von Branchen-Insidern erfahrungsgemäß relativ gut einschätzen. Wo diese Experten regelmäßig falsch liegen, ist bei der Einschätzung der Wahrscheinlichkeit eines Risikoeintritts. Risiken werden tendenziell unterschätzt. Als vernunftbegabter Mensch kann man sich zwar alle möglichen Probleme vorstellen, aus psychohygienischen Gründen will man ihnen aber nicht ständig ins Auge sehen. Daher spielt man als Individuum die Wahrscheinlichkeit des Risikoeintritts eher herunter. Das ist ein rein psychologisch begründetes Phänomen und als solches bekannt. Im Management von Risiken führt es jedoch dazu, dass Unternehmen mitunter Mechanismen entwickeln, die sie systematisch blind für Gefahren machen. Abgesehen von allen Graden der Desorganisation gibt es Teams, die sich die Welt heil reden und bei Bedarf Warnungen ausblenden oder Chefs, die man mit Widrigkeiten nicht belasten darf.

Der Effekt wurde besonders gründlich im Fall der Erdölplattform Brent Spar und des Umgangs mit dieser Krise beim Eigentümer Shell untersucht[136,137]. Shell hat über lange Zeit schlicht ignoriert, dass die ökologische Qualität der Nordsee ein Thema geworden war. Selbst noch als eine hochrangige politische Konferenz sich diesem Thema widmete, wurde die Relevanz für Shell nicht gesehen. Das Unternehmen zog sich beruhigt auf den juristisch völlig korrekten Standpunkt zurück, dass für die Versenkung der Bohrplattform ein gültiger schottischer Bescheid vorlag. Niemand erkannte, dass es längst nicht mehr um Legalität, sondern um Legitimität ging und zudem der gewählte Zeitpunkt denkbar ungünstig war. Das Ergebnis ist bekannt – Umweltschützer verhinderten die Versenkung, die materiellen Kosten und der Schaden für die Reputation von Shell waren enorm, umgekehrt gehört der Fall zu den großen Heldenmythen von Greenpeace. Interessant für eine Aufarbeitung aus der Sicht des Risikomanagements ist die Tatsache, dass es zahlreiche interne Warnungen bei Shell gegeben hatte, diese aber systematisch ausgeblendet wurden.

---

[136] *Winter, Matthias, Ulrich Steger; Managing Outside Pressure: Strategies for Preventing Corporate Disasters; Wiley, 1998*

[137] *Watkin, Michael D., Max H.Bazerman; Predictable Surprises: The Disaster You Should Have Seen Coming; Harvard Business Review, März 2003, S. 72*

Nicht nur die Risiken, auch die Chancen werden in der Praxis sehr oft falsch bewertet. Während aber Risiken typischerweise unterschätzt werden, schlägt bei den Chancen das Pendel in beide Richtungen aus: Sie werden zu gering eingestuft – oder aber völlig unrealistisch hoch. Der Blick in Technikzeitungen der 60er- und 70er-Jahre belegt Letzteres. Der Mensch neigt bei der Einschätzung von Wahrscheinlichkeiten und der Geschwindigkeit von Entwicklungen offenbar zum Übertreiben. Für die Beurteilung von Risiken und für die Prioritätensetzung ist das Problem aber eingrenzbar. Sämtliche Gefahren, die ein Unternehmen oder Projekt in Frage stellen, *müssen* untersucht und entschärft werden (Priorität 1). Die höchst unwahrscheinlichen Fälle oder Bagatell-Risiken, die ohne weiteres im Tagesgeschäft lösbar sind, können ausgeblendet werden (Priorität 3). Für die verbleibenden Risiken sollten Sicherungsmaßnahmen zur Reduktion der potenziellen Schadenswirkung und/oder der Wahrscheinlichkeit ihres Eintritts gefunden werden (Priorität 2). Soweit zum klassischen Risikomanagement.

Gleichzeitig sollten die erkannten Szenarien auf Möglichkeiten für Innovationen durchdacht werden. Während politische und gesellschaftliche Risiken mitunter als nicht zu managen gelten, was einfach falsch ist, hat die Disziplin des Innovationsmanagements in den letzten Jahren viel von sich hören lassen. Spätestens seit Thomas Peters[138] „Leistung aus Leidenschaft" wird die Innovationskraft eines Unternehmens als systematisch steuerbar gesehen. Signale aus dem gesellschaftlichen und politischen Umfeld können hier ergänzend zu Marktanalysen ein wertvoller Input sein.

---

[138] Peters, Thomas J., Nancy Austin; A passion for excellence: A Leadership Difference; Random House, New York 1985

Konkrete Schlussfolgerungen aus den Arena-Analysen 2007-2010

Der Schritt von der Erkenntnis der bevorstehenden Entwicklungen zum konkreten Handeln ist nicht immer leicht. Schließlich geht es bei den Problemen, die in diesem Buch ans Tageslicht befördert werden, sehr oft um globale oder um multipel vernetzte Entwicklungen. Kann da ein einzelnes Unternehmen überhaupt das Richtige tun? Oder gehen die Handlungsaufträge notwendigerweise an Barack Obama, die UNO und die G-8-Staaten, weil nur diese über die nötigen Hebel verfügen, um etwas zu bewirken? Falls nicht überhaupt selbst die stärksten globalen Player überfordert sind, wie beim Klimawandel oder den Migrationsströmen aus dem Süden in die Industriestaaten?

Tatsächlich ist allerdings die Frage in dieser Form falsch gestellt. Es geht nicht darum, wie Unternehmen oder gar Individuen sich dem Tsunami des globalen Wandels entgegenstellen, sondern wie sie darauf reagieren, wie sie ihr eigenes Handeln und ihre eigenen Interessen an die erkannten Veränderungen anpassen. Strategien weisen dabei notwendigerweise in zwei Richtungen: Auf der einen Seite kann versucht werden, auf die Veränderung oder ihre für das Unternehmen relevanten Auswirkungen Einfluss zu nehmen. Auf der anderen Seite werden Unternehmen an sich selbst Veränderungen vornehmen, um mit den künftig gewandelten Rahmenbedingungen zurechtzukommen.

Die Doppelstrategie lässt sich wohl am besten am Beispiel der größten und scheinbar unausweichlichsten Veränderung der Gegenwart illustrieren, nämlich am Klimawandel. Das Ziel, den CO_2-Ausstoß zu verringern, zwingt jedes Unternehmen zum Handeln – sei es, dass technische Prozesse umgestellt werden müssen, dass neue Produkte erdacht werden (weil die alten als Klimakiller gelten und nicht mehr marktfähig sind), oder dass der Handel mit CO_2-Zertifikaten das Finanzmanagement auf den Kopf stellt. Gleichzeitig beschäftigen sich aber auch schon viele Unternehmen mit der Frage: „Wie sehen unsere Märkte morgen aus, wenn der Klimawandel eingetreten sein wird?“ Wie sich heute schon zeigt, tun sich vom Wohnungsbau bis zur Landwirtschaft eine ganze Reihe von neuen Chancen auf, wenn Mitteleuropa auf Dauer wärmer wird. „Global warming" ist ohne Zweifel eine Entwicklung, die nur durch global wirksame Maßnahmen beeinflusst werden kann. Dennoch sind auch auf der Ebene des einzelnen Unternehmens, sogar des einzelnen Individuums, konkrete Handlungen dazu unerlässlich.

Um diese beiden Typen von individuellen Antworten auf globale Probleme geht es also: um mögliche Einflussnahmen und nötige Anpassungen.

Soziale Kohäsion

Fragen des sozialen Zusammenhalts und der sozialen Sicherheit sind zweifach eng mit dem Interessensumfeld von Unternehmen verknüpft. Zum einen wirken sich soziale Verwerfungen rasch und unmittelbar auf die wirtschaftlichen Rahmenbedingungen aus: Sinkende Kaufkraft führt zum Wegbrechen von Absatzmärkten, mangelnde Ausbildung von Arbeitskräften verteuert das Qualitätsmanagement, abnehmende innere Sicherheit erhöht die Kosten für Security, soziale Unruhen beeinträchtigen den geordneten Prozess von Produktion und Vertrieb und können ihn sogar zum Erliegen bringen.

Umgekehrt sind Unternehmen aber Teil der Ursachenkette, die zum Verlust der sozialen Kohäsion führt; zur Illustration mögen Stichworte genügen wie Druck auf das Lohnniveau, Zunahme prekärer Arbeitsverhältnisse, strukturell hohe Arbeitslosigkeit bei bestimmten Bevölkerungsgruppen, mangelnde Dotierung von Sozialtöpfen.

Die wichtigste Schlussfolgerung muss wohl lauten: Unternehmen haben ein Eigeninteresse daran, dass die Gesellschaft, in der sie tätig sind, sozial stabil bleibt, dass ein ausreichendes Maß an Kaufkraft vorhanden ist und die „soziale Infrastruktur" in Form von Bildungs-, Gesundheits- und Altersvorsorge erhalten bleibt.

Zugleich haben Unternehmen ein Interesse daran, zu verhindern, dass die Politik zur Erreichung dieser Ziele Wege einschlägt, die ihre Wettbewerbsfähigkeit beeinträchtigen. Dazu wird es nicht genügen, punktuell Entwicklungen abzuwehren, sondern es sind auch aktiv neue Lösungen zu erproben.

Neue Formen der Beschäftigung:

- Überwinden der derzeit bestehenden tiefen Kluft zwischen „Beschäftigung" und „Arbeitslosigkeit": Die vielfältigen Spielarten, die bereits real existieren, aber derzeit eher als Bedrohung empfunden werden, sollen zu positiven Möglichkeiten weiterentwickelt werden – Teilzeit, halbe Selbständigkeit, flexible Anstellung, etc.
- Damit eine solche Entwicklung möglich ist, müssen die Produktionsprozesse in den Unternehmen entsprechend angepasst werden.
- Zugleich ist es nötig, die historisch gewachsenen Ungleichheiten in den formalen Beschäftigungsverhältnissen zu überwinden. So kann es vorkommen, dass in ein und demselben Betrieb ein Mitarbeiter auf Werkvertragsbasis arbeitet und ein anderer mit Kündigungsschutz angestellt ist. Sie üben die nahezu gleiche Tätigkeit aus, aber der eine verdient 15 Monatsgehälter, die nach einem automatischen Schlüssel steigen. Der andere erhält 12-mal im Jahr ein Honorar, das er selber versteuern muss und wartet zum Ende jeden Monats auf Rückmeldung, ob er weiter gebraucht wird. Die einzige Begründung für den großen Unterschied liegt in zufällig erworbenen Gewohnheitsrechten.

Compliance Management

- Schwarzarbeit und Steuerhinterziehung verzerren den Wettbewerb und höhlen das Sozialsystem aus. Wo sie weit verbreitet sind, bleibt Unternehmen jedoch meist nichts anderes übrig, als dem Kostendruck durch steuerschonende Konkurrenz nachzugeben (Nivellierung nach unten). Der Kampf gegen den Schwarzmarkt liegt daher im Interesse von Unternehmen. Er wird an Bedeutung gewinnen.

- Bei diesem Kampf können sich die Unternehmer aber nicht allein auf formale Rechtsdurchsetzung verlassen – Inspektionen, Kontrollen und Strafen stoßen zwangsläufig an ihre Grenzen, wenn sie gesellschaftlich sanktioniertes Fehlverhalten verfolgen sollen. In manchen Ländern haben sich Whistleblower-Einrichtungen bewährt, also Systeme, bei denen anonym Missstände angezeigt werden können. Sie sind dort wirksam, wo Mitarbeiter oder Geschäftspartner persönliche Nachteile befürchten müssen, wenn sie offen gegen Fehlverhalten auftreten und daher ohne den Schutz der Anonymität nichts unternehmen würden. Empfehlenswert können aber auch Systeme der positiven Unterscheidung sein – etwa freiwillige Vereinbarungen, Gütesiegel, Zertifizierungen.

Anpassung der Unternehmen an die sozialen Veränderungen

- Die hohe Dynamik der gesellschaftlichen Entwicklungen könnte sich in kürzeren Produktlebens- und Investitionszyklen bemerkbar machen.
- Das Konsumverhalten großer Käuferschichten könnte sich nachhaltig ändern und Anpassungen der Produktlinien erforderlich machen. Das betrifft zum einen Gruppen mit geringerer Kaufkraft, zum anderen Migranten mit ihren kulturell bedingt anderen Bedürfnissen.
- Ähnlich könnten auch die sich verschärfenden Probleme der Jugend in einer veränderten Jugendkultur, neuen Konflikten und einem geänderten Konsumverhalten münden.
- Anpassen der Produktlinien und des Marketings werden auch durch das mögliche Wiederaufleben eines Zeitgeists der Konsumverweigerung bedingt (z.B. Second Hand, demonstratives Verwenden von weggeworfenen Waren, etc.).

- Langfristige Unternehmensplanungen sollten Szenarien mit steigenden Abgabenbelastungen mit einbeziehen.
- In einer Welt mit weniger sozialer Sicherheit und Ängsten werden Stabilität und Planbarkeit geschätzt. Leadership, Kompetenz und Verlässlichkeit des Managements werden zum Wettbewerbsfaktor am Arbeitsmarkt.
- In Zeiten wachsender Unsicherheit erwarten Mitarbeiter auch Schutz vor kriminellen oder böswilligen Angriffen, was Investitionen der Unternehmen in das Security-Management nahelegt.
- Mitarbeiter gewinnen als Stakeholder an Bedeutung. Fairness und Care-taking werden noch wichtiger. Garantierter Schutz vor Mobbing, Datenschutz für Mitarbeiter oder Hilfestellung für Mitarbeiter in Schwierigkeiten sind konkrete Kriterien, die es zu erfüllen gilt.
- Soziales Engagement des Arbeitgebers wird zwar geschätzt. Gleichzeitig muss aber erklärt werden, warum in Zeiten der Knappheit Mittel des Unternehmens für Dritte aufgewendet werden.

New Government und Better Regulation

Wachsender Populismus führt zum Aufschieben von Entscheidungen oder zu sachlich unzureichenden Scheinkompromissen. Postdemokratische Tendenzen bewirken die Umgehung echter demokratischer Mitwirkung zugunsten der Interessen von Eliten. In beiden Fällen kann ein Unternehmen bei konkreten Anlässen davon profitieren. Langfristig laufen sie dennoch den Interessen all jener entgegen, die stabile Rahmenbedingungen anstreben.

- Unternehmen sollten den Europagedanken fördern – eine fast schon triviale Feststellung, dennoch kommt in der Praxis immer noch zu wenig Schwung aus der Wirtschaft in diese Richtung.

- Umgekehrt wird die Qualität der lokalen Politik zu einem Standortfaktor. Bei Standortentscheidungen ist die Reformfreudigkeit und Handlungsfähigkeit der lokalen Politik in diesem Sinne zu überprüfen.
- Unternehmen sollten eine klare Policy zur Finanzierung von Parteien und politischen Organisationen haben. Politik- und Parteienfinanzierung sind in allen westlichen Demokratien mit gutem Recht eine sowohl staatliche als auch private Aufgabe. Eckpunkte einer entsprechenden Unternehmenspolitik sollten Leistungsorientierung, Transparenz und strikte Legalität sein. Obwohl Zuwendungen an politische Parteien nicht an konkrete politische Entscheidungen geknüpft werden dürfen, spricht nichts dagegen, Problemlösungskompetenz gezielt zu fördern und Populismus explizit zu sanktionieren. Die Erklärung, dass die Macht des Faktischen übermächtig und seichte Kommunikation ein Muss sei, wird auch durch Wiederholung nicht richtig.
- Politische Interventionen nehmen in Zeiten wachsender Unübersichtlichkeit ebenso zu wie in Zeiten schwacher Regierungen. Die Unternehmen können dem am besten entgegenwirken, indem sie alle derartigen Versuche standhaft zurückweisen. Erfolgreiche Interventionsversuche ziehen weitere Interventionen nach sich.
- Insgesamt sollte die Wirtschaft an der Entwicklung neuer Formen der effektiven solidarischen Zusammenarbeit von Unternehmen, Managern, Politikern und Akteuren der Zivilgesellschaft bei der Problemlösung interessiert sein.

In zwei konkreten Bereichen kann das Public Affairs Management von Unternehmen zumindest in Maßen positiv auf die Qualität von politischen Entscheidungen einwirken: einerseits bei der Qualifikation und dem Informationsstand des politischen Personals, andererseits beim Problem des Qualitätsverlustes der Medien.

- In Ländern mit hoch entwickelter Wirtschaft ist es äußerst schwierig, die besten Köpfe dafür zu gewinnen, in die Politik zu gehen. Unternehmen können solches Personal bereitstellen, indem sie ihre Mitarbeiter ermutigen, sich auf allen Ebenen politisch zu engagieren – von der Gemeindevertretung bis zu regionalen und nationalen Parlamenten.
- Zur Förderung der politischen Kultur gehört auch die Unterstützung von Politikern durch Bereitstellen von Know-how: Unternehmen können auf dem Weg der Public Affairs ihre Erfahrungen mit aktuellen Problemen ebenso einbringen wie die Ideen, die sie in ihrem Bereich zur Lösung entwickelt haben.
- Der Politik wird Problemlösung immer weniger zugetraut. Hier können Unternehmen einspringen, Orientierung geben und geistige oder innovative Führungsrollen übernehmen, ohne dabei allerdings falsche Erwartungen zu wecken.

Der oft beklagte Populismus in der Politik ist letztlich die Folge des Versuchs, aus kurzfristigen Wünschen von Medien Kapital zu schlagen. Viele Medien wiederum haben ihren ursprünglichen aufklärerischen Anspruch auf Information und Welterklärung deshalb aufgegeben, weil er dort, wo er ernst genommen wird, an wirtschaftliche Grenzen stößt. Zumindest ist es einfacher, Zeitungsseiten und Sendeminuten mit PR-finanziertem Wohlfühl-Content zu verkaufen – oder aber mit Meinungs-Journalismus, der weitgehend ohne Fakten und Informationen auskommt.

- Unternehmen sollten gezielt Qualitätsmedien fördern, sowohl durch ihre Anzeigen- als auch durch ihre Informationspolitik (bevorzugtes Informieren von seriösen Medien). Auch der Ankauf von Abos (für die Mitarbeiter oder als Geschenke an Kunden) ist eine seriöse Methode, Medien qualitätsfördernd zu unterstützen.

- Unternehmen sollten die Vermischung von bezahlten und redaktionell unabhängigen Inhalten zumindest nicht unterstützen – vor allem in Österreich sind „Medienkooperationen", „redaktionelle Beilagen mit Druckkostenbeitrag" oder „Produktionskostenzuschüsse zu TV-Beiträgen" noch weit verbreitet. Da sie weder medial noch von den Konsumenten ausreichend geächtet werden, entsteht auch hier eine Abwärtsspirale – immer mehr Unternehmen fühlen sich gedrängt mitzuziehen, weil sie sehen, dass auch die Konkurrenz zu solchen Mitteln greift.
- Keine Zahlungen an Journalisten. Damit ist nicht nur die direkte (und strafrechtlich relevante) Bestechung gemeint, sondern auch das Engagieren von Journalisten für das Verfassen von Geschäftsberichten, als hochdotierte Gastredner auf Firmenevents oder als Ehrengäste beim Vorstands-Dinner. Bei all diesen Praktiken kann es im Einzelfall zulässige Engagements geben, doch eine genaue Prüfung möglicher Einflussnahme ist unbedingt nötig.
- Insgesamt wird der Wandel der Medien auch tiefgreifende Veränderungen in der Unternehmens- und Produktkommunikation bewirken (Stichworte: „Interaktive Markenkommunikation"; „Einbeziehen von Verwendern über Online-Communities", etc.). Diese Veränderungen passieren evolutionär, daher sollten Unternehmen lieber rasch reagieren und laufende Anpassungen in Kauf nehmen, als abzuwarten und erst verspätet zu reagieren.

Anpassung der Unternehmen an die Veränderungen der politischen Kultur

- Eine mögliche „Italianisierung" (die Politik ist nur mehr Show, von der niemand mehr die Bewältigung tatsächlicher Alltagsprobleme erwartet; die Wirtschaft nimmt ihre Anliegen selber in die Hand) führt zu Agreements und Vereinbarungen bis hin zur Kartellbildung abseits der politischen Willensbildung. Für eine solche Situation brauchen

Unternehmen die intensive Vernetzung mit Playern gleichen Interesses sowie eine sorgfältig durchdachte Ausformulierung ihrer Wünsche und Ziele; beides sind Aufgaben des Public Affairs Managements.

- Wo die Rahmenbedingungen mangels politischer Entscheidungskraft nicht oder widersprüchlich geregelt sind, nimmt die Rechtsschöpfung durch Gerichtsurteile zu. Eine Aufrüstung der Rechtsabteilung sowie eine enge Zusammenarbeit der Juristen mit dem Public Affairs Management dienen zur Vorbereitung auf eine solche Situation.
- Wachsender medialer Populismus wird auch Unternehmen häufiger in die Sündenbockrolle drängen. Dagegen lässt sich nur durch den langfristigen Aufbau von Reputation Vorsorge treffen.

Leben im Globalen Dorf

Anpassungen in Unternehmensorganisation und Marketing

- Manche der Anpassungen, die durch Globalisierung erzwungen werden, sind längst schon Realität. Das gilt vor allem für die „internationale Arbeitsteilung", die zur Verlagerung von Produktionsstandorten ganz unabhängig von der nationalen Zugehörigkeit eines Unternehmens führt. Die Entwicklung geht aber weiter, also müssen auch regional tätige Unternehmen immer stärker damit rechnen, im Wettbewerb mit Konkurrenten auch aus fernen Ländern zu stehen.
- Die globale Vernetzung setzt auch mittelständische, regional tätige Unternehmen in starkem Maße den Auswirkungen von zunächst fern scheinenden Entwicklungen aus. Zum Beispiel können Dürreperioden in Australien oder ein paar größere Unwetter in Kasachstan bewirken, dass der Weltmarktpreis für Weizen um einen zweistelligen Prozentsatz steigt – und damit die Kalkulationen von Bäckern und Pizzaproduzenten über den Haufen wirft.

- Eine häufige Reaktion auf die Globalisierung ist territorialer Protektionismus. Er führt zu Wettbewerbsverzerrungen, die für Standorte zu einem schnellen Attraktivitätsverlust führen können. Diese Planungsunsicherheit muss bei der Standortwahl und bei längerfristigen Investitionen einberechnet werden

Umgang mit Migration

Migration ist eine der beständigsten Folgen der Tatsache, dass zum einen die Isolation und Abschottung der Staaten voneinander viel geringer ist, die gewaltigen Unterschiede in der Verteilung von Ressourcen und Einkommenschancen jedoch bestehen bleiben. Mittelfristig bleibt Migration eine der größten Herausforderungen für die Industriestaaten. Hier sollen exemplarisch zwei für Unternehmen besonders relevante Aspekte herausgegriffen werden:

- Durch Migration werden Regionalkonflikte nach Europa importiert. Es ist daher notwendig, kulturelles Wissen über die Herkunft von Menschen zu erwerben, die im Unternehmen arbeiten oder zu den wichtigen Konsumentengruppen zählen. Es gibt inzwischen Beispiele, wo es in Unternehmen zu Konflikten zwischen Migranten kam, die aus derselben Region stammten, aber unterschiedlichen Volksgruppen oder Religionen angehörten. Das bedeutet keineswegs, dass Unternehmen (oder die Gesellschaft insgesamt) die Austragung solcher Konflikte dulden müssen – lediglich, dass sie ihre Latenz erkennen und sie entsprechend managen müssen, sei es durch Mediation, durch Trennen der Betroffenen, oder schlicht durch Security-Maßnahmen.

- In Zeiten der Globalisierung ist eine größere kulturelle und ethnische Vielfalt unter den Mitarbeitern ein Vorteil für Unternehmen, sowohl im Hinblick auf Exportchancen als auch im Hinblick auf die wachsende Zahl von inländischen Konsumenten mit Migrationshintergrund. Diese Überlegung spricht für eine Personalpolitik, die bewusst Migranten als Mitarbeiter vorsieht.

- In etwas größerer Perspektive sind die Unternehmen gefordert, einem rationaleren Umgang mit Migration das Wort zu reden, sowohl gegenüber der Politik als auch gegenüber der Öffentlichkeit. Gerade in Ländern wie Deutschland und Österreich ist die politische Rhetorik beim Thema Migration von Begriffen der Abwehr geprägt – Zuwanderung muss scheinbar „verhindert" und „eingedämmt" werden, „schärfere Asylgesetze" und eine „strengere Abschiebepraxis" dominieren die Aussagen der Parteien. Es ist die Aufgabe der Wirtschaft, deutlicher als bisher zu sagen, dass genau das Gegenteil rational vernünftig wäre, nämlich eine ausreichend starke, klar geregelte Zuwanderung, begleitet durch verstärkte Investitionen in die Integration.

Knappe Ressourcen

Anpassungen in Unternehmensorganisation und Marketing

- Schon kurzfristig kann steigender Anpassungsdruck erwartet werden, der durch das erhöhte Bewusstsein für Nachhaltigkeit bei den Konsumenten aller Industriestaaten ausgelöst wird: Importprodukte werden immer stärker ihren „ökologischen Fußabdruck" nachweisen und rechtfertigen müssen.
- Mittelfristig wird Nachhaltigkeit eine größere Rolle bei der Finanzmittelvergabe spielen. Kredite für nachhaltige Projekte werden leichter oder billiger zu erhalten sein als für andere. Auch in diesem Sinne kann Corporate Social Responsibility-Management die Wettbewerbsposition verbessern.
- Langfristig wird internationaler Wettbewerb um knappe Ressourcen entstehen. Allein die rasche Industrialisierung Chinas und (in Teilen) Indiens führt zu Engpässen bei manchen Bodenschätzen wie Kupfer oder Gallium und Indium (wird für Solarzellen gebraucht). Selbst bei scheinbar alltäglichen landwirtschaftlichen Produkten wie Weizen und

Soja übersteigt seit einigen Jahren die Nachfrage das Angebot. Drei strategische Optionen bieten sich an, wobei in der Praxis ein unterschiedlich gewichteter Mix aus allen dreien notwendig sein wird: Erstens werden Unternehmen verstärkt auf eigene Lagerhaltung und Verträge direkt mit den Erzeugern setzen – Funktionen, die zuletzt stark an den Zwischenhandel ausgelagert waren. Zweitens werden Kooperationen oder Direktinvestitionen in den Rohstofflieferländern an Bedeutung gewinnen. Drittens aber wird der spekulative Ankauf von Rohstoffen zum Zweck der Lukrierung von Kursgewinnen immer häufiger als Möglichkeit für Finanzgeschäfte auftauchen.

Politisches Gegensteuern

- Die Sicherung von Ressourcen wird wieder – wie zuletzt im 19. Jahrhundert – zu einer Aufgabe der Außenpolitik eines Landes werden. Wo in den letzten Jahrzehnten die Unterstützung von Politik und Diplomatie für die Wirtschaft vornehmlich in der Aufbereitung von Absatzmärkten bestand, wird künftig die Absicherung der Lieferverträge von wichtigen Rohstoffen an Bedeutung gewinnen. Es ist Aufgabe der Wirtschaft, die Politik auf diese veränderten Anforderungen aufmerksam zu machen.
- Es liegt im Interesse der Wirtschaft der Industriestaaten, dass in den Schwellenländern und den Ländern des Neokapitalismus (neben China fallen darunter auch die zentralasiatischen Nachfolgestaaten der UdSSR) möglichst rasch nachhaltige und ressourcenschonende Produktionsverfahren zum Einsatz kommen. Daher sollten Unternehmen in Europa alle Formen des Technologie- und Know-how-Transfers aktiv unterstützen.

Herausforderungen durch die Wissensgesellschaft

Die Wissensgesellschaft verlagert den Standortwettbewerb in die Sphäre des Geistigen, des Know-how und der kreativen Fähigkeiten.

Die nötigen Rahmenbedingungen dafür zu schaffen, ist zum Teil Aufgabe der Politik, zum Teil Aufgabe der Unternehmen selbst.

- Unternehmen müssen ausreichend Kapital für Forschung und Entwicklung bereitstellen und zu diesem Zweck Voraussetzungen erkämpfen, die solche Investitionen möglich machen – im Steuerrecht, in den Rating-Kriterien der Kreditbanken, in den Bewertungen von Aktienanalysten.
- Zugleich muss die Wirtschaft politischen Druck ausüben, damit in den öffentlichen Budgets Wissenschaft und Forschung ausreichend dotiert werden. Vor allem bei der Prioritätensetzung und bei der Entscheidung über die Teilnahme an internationalen Forschungsprogrammen müssen interessierte Unternehmen ausreichend Input mit gut dokumentierten Begründungen liefern.
- Im Wettbewerb um die besten Köpfe zeigt sich neuerlich die restriktive Migrationspolitik als Hindernis. Das Engagement von hochqualifizierten Forschern aus Nicht-EU-Ländern scheitert vor allem in Österreich leicht an bürokratischen Hindernissen. Darüber trägt das xenophobe gesellschaftliche Klima dazu bei, dass Betroffene ein Engagement in Deutschland oder Österreich als wenig attraktiv empfinden. Hier wäre ein bewussteres Auftreten gegenüber der hetzerischen Berichterstattung des Boulevards dringend gefordert.
- Insgesamt braucht die Gesellschaft ein wissensbasiertes Management gesellschaftlicher Veränderungen. Entsprechendes Know-how (Sachwissen, Projektmanagement, Projektmarketing) ist tendenziell eher bei Unternehmen vorhanden als in der Politik. Es sollte der Politik und der Zivilgesellschaft zugänglich gemacht werden.

Ethische Diskussionen um Fortschritt und Wissen

Ein großer Teil der Zukunftstechnologien ist ethisch umstritten oder von Ängsten begleitet. Bisher haben europäische Unternehmen, die in

Bereichen wie Bio- und Nanotechnologie, Stammzellenforschung oder auch der Atomwirtschaft tätig sind, die direkte Auseinandersetzung mit den ethischen Grundlagen ihrer Tätigkeit meist unterlassen. Entweder zogen sie sich auf den formalen Standpunkt zurück, dass es Sache des Gesetzgebers wäre, festzulegen, was sie dürfen und was nicht. Oder sie versuchten, öffentliche Widerstände in aller Stille zu unterlaufen, indem etwa Kennzeichnungen für gentechnisch veränderte Nahrungs- und Futtermittel verhindert werden oder Produkte wie Nano-Lacke ohne große Ankündigung einfach auf den Markt kommen.

- In scharfer Abkehr von diesen Praktiken muss die Frage „Sollen wir das, was technisch möglich ist, auch real anwenden" künftig in stärkerem Maße von den Unternehmen selbst aufgegriffen werden. Unternehmen sollten auch die Politik stärker mit diesen Fragen konfrontieren und vor allem die Auseinandersetzung mit NGOs nicht scheuen, die zwar mit vorgefasster Meinung, aber inhaltlich meist gut informiert in solche Gespräche gehen.

- Das Public Affairs Management von neuen Technologien muss drei Ebenen im Auge haben: Ethik, Akzeptanz und Risikomanagement. Unternehmen, die in solchen Bereichen tätig sind, müssen sich (wie soeben angeführt) mit der Frage auseinandersetzen, ob das, was sie tun, den allgemein anerkannten moralischen Standards entspricht. Sie müssen aber auch dafür sorgen, dass ihre Unternehmenstätigkeit in der Öffentlichkeit akzeptiert wird (was mit der Frage nach der ethischen Zulässigkeit korreliert, aber keineswegs deckungsgleich sein muss). Nicht zuletzt muss das objektive Risiko des Einsatzes von neuen Technologien gemanagt werden, da real auftretende Unfälle oder Schädigungen von Konsumenten jede theoretische Rechtfertigung hinfällig machen würden.

Danksagung

Eine Arbeit kann nur so gut sein, wie ihre Beiträge. Die Interviews mit erfahrenen Beobachtern aktueller politischer Entwicklungen bilden die Grundlage für die vorliegende Arena-Analyse, die mit nachfolgende Hintergrundrecherchen zu den in der aufgezeigten Issues ergänzt wurde.

Wir bedanken uns bei folgenden Damen und Herren dafür, dass sie als Auskunftspersonen bei den Befragungen in den Jahren 2006, 2007, 2008 und 2009 mitgewirkt haben und uns darüber hinaus als Gesprächspartner zur Verfügung gestanden sind. Damit haben sie das Entstehen der vorliegenden Arena-Analyse ermöglicht.

Dipl.-Ing. Dr. Hildegard Aichberger, Geschäftsführerin des WWF Österreich

Prof. Dr. Karl Aiginger, Leiter Österreichisches Institut für Wirtschaftsforschung

Univ.-Prof. Mag. Dr. Christoph Badelt, Vorsitzender der Österreichischen Universitätenkonferenz

Andreas Baur, Global 2000

Mag. Markus Beyrer, Generalsekretär der Industriellenvereinigung Österreich

Dr. Christian Bosch, Geschäftsführer des Markt- und Meinungsforschungsinstitutes marketmind

Mag. Wilhelm Bründlmayer, Weingut Bründlmayer

Dr. Erhard Busek, Institut für den Donauraum und Mitteleuropa, ehem. österreichischer Vizekanzler

Mag. Michael Chalupka, Direktor der Diakonie Österreich

Dipl.-Ing. DDr. Knut Consemüller, Vorsitzender des Rates für Forschung und Technologieentwicklung

Dr. Thomas Czypionka, Institut für Höhere Studien (IHS)

Dr. Claus Faber, vida (Österreichischer Gewerkschaftsbund)

Dr. Franz Fischler, Präsident des Ökosozialen Forums, ehem. EU-Kommissar für Landwirtschaft, Entwicklung des ländlichen Raumes und Fischerei

Karin Frick, Gottlieb Duttweiler Institut

Dr. Friedhelm Frischenschlager, ehem. österreichischer Bundesminister für Landesverteidigung, langjähriger Parlamentarier und Mitglied des Europäischen Parlaments

Prof. Dr. Josef Fröhlich, Austrian Institute of Technology

Dr. Reinhard Gschöpf, Klub der Grünen im österreichischen Parlament

Dr. Peter Hajek, Peter Hajek Public Opinion Strategies

Dr. Dietmar Halper, Direktor der Politischen Akademie der ÖVP

Hans-Olaf Henkel, ehem. Manager, ehem. BDI-Vorsitzender und Präsident der Leibniz-Gemeinschaft, Gründungsmitglied des Konvents für Deutschland

Univ.-Prof. Dr. Clemens Jabloner, Präsident des Österreichischen Verwaltungsgerichtshofes

Dr. Karl Jurka, Dr. Karl Jurka Politik- und Marketingberatung

Brigadier Gerald Karner, Gerald Karner Strategie- und Organisationsberatung

Prof. Dr. Claudia Kemfert, Deutsches Institut für Wirtschaftsforschung

Dr. h.c. Charlotte Knobloch, Präsidentin der Israelitischen Kultusgemeinde München und Oberbayern K.d.ö.R.

Ing. Mag. Peter Koren, Stellvertretender Generalsekretär Industriellenvereinigung Österreich

Prof. DDr. Karl-Rudolf Korte, Universität Duisburg-Essen

Mag. Hanns Kratzer, PERI Consulting

Heiko Kretschmer, Johanssen + Kretschmer Strategische Kommunikation GmbH

Dr. h.c. Franz Küberl, Präsident Caritas Österreich

Franz Kühmayer, Geschäftsführer Reflections Research & Consulting

Mag. Lothar Lockl, Klub der Grünen im österreichischen Parlament

Dr. Bernhard Marckhgott, Wiener Börse AG

Dr. Viola Neu, Konrad-Adenauer-Stiftung

Univ.-Prof. Dr. Anton Pelinka, Central European University

Prof. Dr. Volker Perthes, Direktor der Stiftung Wissenschaft und Politik

Dr. Ronald Pichler, GlaxoSmithKline, ehem. OMV

Peter Radunski, Publicis Consultants Deutschland, ehem. Senator des Landes Berlin

Mag. Georg Rebernig, Direktor des Umweltbundesamts, Wien

Dr. Andreas Rendl, ehem. Parlamentsklub der SPÖ

Martin Säckl, EACON - European Affairs Consulting Group

Dr. Andreas Salcher, Andreas Salcher Projects

Mag. Ulrike Schelander, Geschäftsführerin CARE Österreich

o.Univ.-Prof.i.R. Dr. Bernd Schilcher, Karl-Franzens-Universität, Graz

Dr. René Schmidpeter, Bertelsmann Stiftung

Dr. Heide Schmidt, Vorsitzende des Instituts für eine Offene Gesellschaft, ehem. 3. Präsidentin des österreichischen Nationalrats und Bundessprecherin des Liberalen Forums

Dr. Rudolf Scholten, Vorstandsdirektor Oesterreichische Kontrollbank AG, ehem. Bundesminister für Unterricht und Kunst

Mag. Alois Schrems, Telekom Austria AG

Dr. Dwora Stein, Bundesgeschäftsführerin der Gewerkschaft der Privatangestellten (Österreichischer Gewerkschaftsbund)

Gerfried Stocker, Geschäftsführer des Ars Elektronica Center, Linz

Prof. Dr. Stefan Titscher, Wirtschaftsuniversität, Wien

Prof. DDr. Christian Tomuschat, Humboldt-Universität zu Berlin

Dr. Rudolf Trauner, Präsident der Wirtschaftskammer Oberösterreich

Mag. Herbert Tumpel, Präsident der Bundesarbeitskammer Österreich

Jürgen Turek, Centrum für Angewandte Politikforschung

Barbara Unmüßig, Vorstand der Heinrich-Böll-Stiftung

Dr. Fritz Unterpertinger, Geschäftsführer der Österreichischen Energieagentur

Prof. Dr. Helmut Wachowiak, Internationale Fachhochschule Bad Honnef, Bonn

Em.o.Univ.-Prof. Dr.iur. Dr. h.c. Manfried Welan, ehem. Rektor der Universität für Bodenkultur, Wien

Dipl.-Ing. Rainer Wieltsch, Aufsichtsratsvorsitzender OMV AG, ehem. Vorstand Österreichische Industrie Holding AG

Dr. Ole Wintermann, Bertelsmann Stiftung

Gerhard Wintersberger, Geschäftsführer des Karl Weigl-Bildungshauses der Arbeiterkammer Österreich

Dr. Hans G. Zeger, Obmann ARGE Daten - Österreichische Gesellschaft für Datenschutz

Dr. Wolf-Dieter Zumpfort, TUI AG, ehem. Mitglied des deutschen Bundestages

Dr. Gabriele Zuna-Kratky, Direktorin des Technischen Museums Wien

Wir bedanken uns bei unseren Partnern **Dr. Peter Köppl** und **Dr. Peter Hajek** für ihre Unterstützung und für ihre wertvolle Beratung bei der methodischen Weiterentwicklung der Arena-Analyse.

Bei **Mag. Katharina Schelakovsky, Edith Hierzenberger** und **Mag. Martina Dafinger** bedanken wir uns für die Abwicklung der Befragungen, das Führen von Interviewgesprächen und die Dokumentation der Ergebnisse.

Autoren

Andreas Kovar

ist Partner von Kovar & Köppl und seit zehn Jahren als Public Affairs-Berater für europäische und internationale Unternehmen tätig. Seine profunden Kenntnisse der Politik sammelte er als politischer Berater im österreichischen Nationalrat und im Europäischen Parlament.

Mag. Cornelia Mayrbäurl

ist Senior Consultant bei Kovar & Köppl. Sie studierte in Salzburg, Bologna und Buenos Aires Geschichte sowie internationale Politik und Wirtschaft. Politische Erfahrung sammelte sie als Pressereferentin im österreichischen Nationalrat und als Journalistin, die aus dem In- und Ausland u.a. für die österreichischen Zeitungen Kurier und Format, für die NZZ am Sonntag und für Focus berichtete.

Walter Osztovics

ist Politikberater und Partner von Kovar & Köppl. Er verfügt über langjährige Erfahrung als Politikjournalist, war Redakteur bei der Wirtschaftswoche und bei den österreichischen Zeitungen Kurier, Format und Wochenpresse.